Martin Kluger

Kulturpark Naturpark

Landschaften, Ziele
und Geschichte im Naturpark
Augsburg – Westliche Wälder

Hrsg.: Regio Augsburg
Tourismus GmbH

context verlag Augsburg | Nürnberg
www.context-mv.de

Martin Kluger

Kulturpark Naturpark

Landschaften, Ziele und Geschichte im Naturpark Augsburg – Westliche Wälder

Der Kulturreiseführer und Ausflugs(ver-)führer

für den Naturpark Augsburg – Westliche Wälder

Hrsg.: Regio Augsburg Tourismus GmbH

Inhalt

Der Naturpark: eine Einführung ... 10

Der Naturpark im Land vor den Alpen: eine „grüne Lunge" – öfter mit Bergblick ... 12

Ein Naturpark – drei Landschaften: die Stauden, die Reischenau und der Holzwinkel ... 15

Kulturelle Höhepunkte im Naturpark ... 16

Im Naturpark südlich von Augsburg ... 18

Augsburg-Bergheim Eine Lindenallee, ein Fuggerschloss, eine Selige: Augsburgs Beitrag zum Naturpark ... 20

Diedorf Eine private Sammlung – ein ganzes Museum führt durch die Welt der Masken ... 22

Anhausen St. Adelgundis – die Dorfkirche, an der Baumeister Mozart baute ... 23

Oberschönenfeld Das kulturelle „Herz" des Naturparks: das Kloster Oberschönenfeld ... 24

Dietkirch Ein Barockensemble an der Schmutter verrät das Laster der Äbtissinnen ... 30

Wollishausen Ein Rokokojuwel im Heimatdorf der Baumeisterdynastie der Dossenberger ... 31

Weiherhof Der Weiherhof und der „Bauwurmb" der Äbtissinnen im Kloster Oberschönenfeld ... 32

Heimberg Das erste bekannte Wohnhaus eines schwäbischen Vorfahren W. A. Mozarts ... 33

Fischach In St. Michael: ein „Theatrum sacrum" mit Engelssturz und fallenden „Irrlehrern" ... 34

Fischach In Fischach erinnert ein Friedhof an eine verschwundene jüdische Gemeinde ... 36

Aretsried Relikte einer Fliehburg der Ungarnzeit: der Ringwall auf dem Buschelberg ... 37

Elmischwang Eine lange Vorgeschichte und ein „junges" Schloss: Neorenaissance im Neufnachtal ... 38

Wollmetshofen Der ruhende Apostel Jakobus d. Ä. macht Wollmetshofen zur Station am Pilgerweg ... 39

Willmatshofen Die Brennburg bei Willmatshofen: zu den Wällen einer keltischen Viereckschanze ... 40

Burgwalden Das untergegangene Wasserschloss im Fischweiher – und eine Kirche der Fugger ... 41

Straßberg Roy Blacks Grabmal macht Straßberg zum „Pilgerort" einer treuen Fangemeinde ... 42

Waldberg Eine „Bildergalerie“ in Waldberg zeigt die Legende der „Wolfsheiligen“ 43

Mickhausen Das Fuggerschloss in Mickhausen: eine „Immobilie mit Perspektive“ 44

Mickhausen St. Wolfgang in Mickhausen: der Habsburgeradler im Kirchenfenster 45

Grimoldsried Die Staudenkapelle bei Grimoldsried: die Idee eines heimatverbundenen Landrats 46

Klimmach In der Wallfahrtskirche in Klimmach: jubilierende Putti im Stil des Barocks 47

Schwabegg Die Haldenburg – eine Ungarnfliehburg, die schon mal dem ZDF als Motiv diente 48

Schwabegg Der Burghügel über Schwabegg: man sieht nicht sehr viel, doch dafür sehr weit 49

Mittelneufnach Der „Besinnungsweg“ – Bildhauerkunst an einem Wanderweg in den Stauden 50

Markt Wald Der Christoph-Scheiner-Turm würdigt den Entdecker der Sonnenflecken 52

Markt Wald Das Fuggerschloss in Markt Wald und das Fuggerwappen in der Kirche 53

Kirchheim Im Fuggerschloss in Kirchheim – zu Kaiser Karl V. in den Zedernsaal 54

Tussenhausen Glanzvolle Fresken im Stil des Rokokos zeigen Morde, Mörder und Märtyrer 60

Türkheim Am Ludwigstor zu Wittelsbachern und zu Ludwig Aurbachers „Sieben Schwaben“ 62

Im Naturpark westlich von Augsburg 64

Hainhofen Der Hainhofer Passionszyklus: die ältesten Wandmalereien im Landkreis Augsburg 66

Die Schlösser in Hainhofen und Aystetten erinnern an den Pleitier aus dem Hause Fugger 67

Rommelsried 11 000 gemeuchelte Jungfrauen: blutige Legende um Hunnen und Ursulas Schiff 68

Rommelsried Vielleicht deutschlandweit einmalig: der Glasperlenaltar in der Heilig-Grab-Kapelle 69

Horgau Die „NS-Blechschmiede“: Beton erinnert an KZ-Häftlinge, Flugzeugbau und Krieg 70

Horgau Die Sage vom „Schwarzen Reiter“: im Forst – und an einer Hotelfassade 71

Horgau In der Horgauer Kirche – Spuren der Rehlinger und des Dreißigjährigen Kriegs 72

Bieselbach Der gotische Bieselbacher Schnitzaltar: ein Denkmal des „Ulmer Götzentags"? 75

Zusmarshausen Schloss und Posthalterei: zwei Bauwerke belegen die zentrale Lage dieses Ortes 77

Gabelbach Zur ältesten Barockorgel Süddeutschlands: in der Gabelbacher Kirche ist „Musik drin" 78

Der Leonhardsnagel von Gabelbachergreut: ein „obszönes" Objekt beim Leonhardiritt 81

Dinkelscherben Im Zehentstadel von Dinkelscherben: das Museum mit dem Mammutzahn 82

Dinkelscherben Die Relikte der Burg Zusameck – und der weite Blick über die Reischenau 83

Brauchtum, von München nach Dinkelscherben: der Schäfflertanz findet alle sieben Jahre statt 84

Steinekirch Die Burgruine Wolfsberg: ein Denkmal der Wittelsbacher und des Banausentums 85

Ustersbach Das Sühnedenkmal für den Ritter, der bei seinem Hochzeitszug ermordet wurde 86

Das Schwarze Kreuz bei Ried erinnert an die Toten des Bauernkriegs in der Reischenau 87

Maria Vesperbild Ein Wallfahrtsziel mit großer Resonanz bei Adel und Medien – Maria Vesperbild 88

Seyfriedsberg Um Schloss Seyfriedsberg – eine Büste und exotische Baumriesen im Schlosspark 89

Burtenbach Schertlin von Burtenbach: Luthers liebster Haudegen plünderte sogar in Rom 90

Jettingen Die Herren von Stain ganz aus Stein – und das Geburtsschloss des Hitler-Attentäters 92

Allerheiligen Johann Baptist Enderle malte den Himmel mit allen Heiligen in Allerheiligen 94

Die Markgrafschaft Burgau: Österreichs „Stachel im Fleisch" der Wittelsbacher 95

Im Naturpark nördlich von Augsburg 96

Adelsried Die erste Autobahnkirche Deutschlands: Maria, Schutz der Reisenden 98

Bonstetten „LandArt-Kunstpfad Bonstetten": zu Kunst, die vergänglich sein darf 99

Welden Die Fuggerkirche auf dem Theklaberg: ein „Juwel" des Rokokos im Holzwinkel 100

Spuren der Fugger sind im Naturpark überall zu finden – im Norden wie im „tiefen Süden" 103

Denkmäler und der Wald erinnern an die Zeit des Schriftstellers Ludwig Ganghofer in Welden 105

Emersacker St. Martin erinnert an die Fugger – und an die Herkunft von Mozarts Familie 106

Bocksberg Die Burgruine Bocksberg: ein schöner Spaziergang zur schaurig-schönen Ruine 107

Wörleschwang Albert von Wörleschwang: der Patron des Viehs und der Hörgeschädigten 108

Wörleschwang Wo sich der patschnasse Korse wärmte: der Napoleonofen in Wörleschwang 110

Baiershofen Ein Ziel für Nostalgiker: Baiershofen ist ein Dorf wie aus dem Bilderbuch 111

Violau In die Wallfahrtskirche Violau und zur Johannesschüssel gegen den Kopfschmerz 112

Gablingen Das Fuggerschloss in Gablingen: romantische Ansichten an der Schmutter 114

Achsheim Ein Feldkreuz bei Achsheim erinnert an einen Mord und den Dreißigjährigen Krieg 116

Der Dreißigjährige Krieg in den Landschaften um die hart umkämpfte Reichsstadt Augsburg 119

Biberbach Die Wallfahrtskirche in Biberbach: die Fugger, Mozart und das „liabe Herrgöttle" 120

Familie Mozart in Biberbach: ein denkwürdiger Orgelwettstreit in einer Fuggerkirche 123

Markt Das Herrschaftsschloss der Fugger in Markt steht hoch über dem Lechtal 124

Eine hohe Hangkante sorgt für ein „Schaufenster" über dem brettflachen Lechtal 125

Holzen In der Kirche des Klosters Holzen ist ein barockes Christkind das Wallfahrtsziel 126

Mertingen Der „Römerplatz" im Zentrum erinnert an ein Kastell am Ende der Römerstraße 128

Kastelle, Straßenbau und Wasserversorgung: zu den Relikten der Römer im Naturpark 129

Buttenwiesen Synagoge, Mikwe und Grabsteine erinnern an eine jüdische Gemeinde 130

Inhalt

Unterthürheim Ein Dichter aus der Zeit der Staufer – sein Denkmal steht in Unterthürheim 131

Wertingen Ein Schloss aus zwei Schlössern und eine Kirche mit sehr markanten Türmen 132

Binswangen Synagoge, Friedhof und ein Kulturweg: zu Denkmälern einer jüdischen Gemeinde 134

Relikte ehemaliger jüdischer Landgemeinden im Gebiet des heutigen Naturparks 135

Nachwort des Bezirkstagspräsidenten 136

Nachwort des Herausgebers 137

Ortsregister 138

Besondere Projekte im Naturpark 140

Literatur und Quellen 141

Bildnachweis 142

Impressum 143

Hinweis zur Schemakarte auf Seite 9: Für eine Erkundung des Naturparks Augsburg–Westliche Wälder bietet sich die Verwendung der nachfolgenden Karte an:

Umgebungskarte (UK) 1:50 000
UK50-32 Naturpark Augsburg–Westliche Wälder,
Hrsg.: Landesamt für Digitalisierung, Breitband und Vermessung, Bayern

ISBN 978-3-89933-832-4

Donauwörth
Mertingen
B2
B16
Donau
Buttenwiesen
Allmannshofen
Holzen
Unterthürheim
Dillingen
Binswangen
Wertingen
Schmutter
Markt
Biberbach
Bocksberg
Laugna
Zusam
Emersacker
Langweid
B2
Lech
Achsheim
Altenmünster
Baiershofen
Welden
Lützelburg
Gablingen
Günzburg
Violau
Wörleschwang
Bonstetten
Gersthofen
Adelsried
A8
Jettingen-Scheppach
Zusmarshausen
Neusäß
Allerheiligen
Horgau
Bieselbach
Hainhofen
Gabelbach
Gabelbachergreut
B16
Kammel
Steinekirch
Rommelsried
Augsburg
Diedorf
Dinkelscherben
Anhausen
Bergheim
Gessertshausen
Burtenbach
Wollishausen
Ried
Dietkirch
Aretsried
Oberschönenfeld
B300
Wollmetshofen
Heimberg
Weiherhof
Straßberg
Fischach
Bobingen
Maria Vesperbild
Willmatshofen
Burgwalden
Seyfriedsberg
Elmischwang
Reinhartshofen
Schmutter
Neufnach
Waldberg
Krumbach
Mickhausen
Zusam
Mindel
Klimmach
B17
B300
Grimoldsried
Schwabegg
Schwabmünchen
Kirchheim
Mittelneufnach
Wertach
Singold
Markt Wald
Tussenhausen
B16
Türkheim
B18
Mindelheim

Der Naturpark: eine Einführung

Vom Rand des Donautals bis zu den Hügeln im Unterallgäu

Stadt Augsburg
Landkreis Augsburg
Landkreis Dillingen a. d. Donau
Landkreis Donau-Ries
Landkreis Günzburg
Landkreis Unterallgäu

Ganz schön wasserreich: Die Schmutter ist eines von mehreren Flüsschen, die im Naturpark von Süden aus Richtung Donau nordwärts strömen.

Der Naturpark im Land vor den Alpen: eine „grüne Lunge" – öfter mit Bergblick

Der Naturpark Augsburg–Westliche Wälder ist ein nur dünn besiedeltes, stark bewaldetes Gebiet zwischen den Ballungsräumen Augsburg und Ulm, dem Rand des Donautals und dem Unterallgäu bei Türkheim: ein Gebiet voller Natur und Stille, Rad- und Wanderwege – und voller Kulturschätze, die einen Halt lohnen.

Der Naturpark Augsburg–Westliche Wälder – was genau ist das? Stark vereinfacht gesagt: ein ziemlich waldreiches und mit weniger als 100 Einwohnern pro Quadratkilometer ein (dem Bayerischen Wald vergleichbar) dünn besiedeltes Gebiet. Es erstreckt sich vom südlichen Rand des Donautals bis zu den sanften Hügeln des Unterallgäus – im Osten meist begrenzt von den Tälern der Wertach und der Schmutter, im Westen vom weiten Tal der Mindel. In Augsburg bezeichnet man diesen Naturpark gern mal salopp als „grüne Lunge"

Ganz schön wegereich: Rund 2000 Kilometer markierter Wege führen durch den Naturpark.

der drittgrößten bayerischen Stadt. Eine grüne Lunge, von der weit mehr als die Hälfte im Landkreis Augsburg liegt. Als Landschaftsschutzgebiet ausgewiesene Flächen

Ganz schön lehrreich: 2019 erhielt das Museum Oberschönenfeld den Bayerischen Museumspreis.

Daten und Fakten zum Naturpark

Gründung des Naturparkvereins	im Jahr 1974
Offizielle Anerkennung des Naturparks	im Jahr 1988
Lage in Nord-/Süd-Richtung	von Mertingen bis Türkheim
Lage in West-/Ost-Richtung	von Offingen bis Stadtbergen
Gesamtfläche Naturpark	ca. 122.500 Hektar
davon Landschaftsschutzgebiete	ca. 70.000 Hektar
Anteil Stadt Augsburg	ca. 1.542 Hektar
Anteil Landkreis Augsburg	ca. 42.702 Hektar
Anteil Landkreis Dillingen a. d. Donau	ca. 6.951 Hektar
Anteil Landkreis Donau-Ries	ca. 634 Hektar
Anteil Landkreis Günzburg	ca. 10.940 Hektar
Anteil Landkreis Unterallgäu	ca. 7.076 Hektar
geschützte Fläche in % der Gesamtfläche	ca. 57 Prozent
Waldanteil	ca. 43 Prozent
Wegenetz	ca 2.500 Kilometer markierte Wander- und Radwege

Quellen: Bayerische Vermessungsverwaltung, Stand Oktober 2023

des Naturparks liegen auch in den angrenzenden Landkreisen Dillingen a. d. Donau, Donau-Ries, Günzburg und Unterallgäu. Der Naturpark ist ein Naherholungsgebiet für Menschen im Naturpark selbst, vor allem aber aus den Ballungsräumen Augsburg und Ulm, die ins Auto, auf das Fahrrad, in Busse oder Züge steigen, wenn das Wochenende langweilig zu werden droht, mal wieder Stress abgebaut werden soll, die Bundesliga spielfrei hat, die Kinder quengeln oder einfach Bewegung nottut. Etwa 2500 Kilometer Rad- und Wanderwege locken in den Naturpark. Stille Naturgenießer und Mountainbiker können sich hier also recht gut aus dem Weg gehen.

Die Angebote dieses Naturparks als Ort sportiver Besowie vor allem mentaler Entschleunigung sind in den Jahren seit 1974 weithin bekannt geworden. Weil die Eiszeit diese Landschaft so geformt hat, dass Flüsschen wie die Schmutter, die Neufnach und die Zusam das Gebiet von Süden aus nordwärts durchziehen, haben sich die Flusstäler zwischen langgestreckten Höhenrücken, sogenannten „Riedeln“, eingetieft. Von ihren oft recht steilen Hängen (mitunter auch schon von den Anhöhen westlich von Augsburg) aus genießt man bei Föhn hier und da einen weiten Blick auf das komplette Alpenpanorama einschließlich der Zugspitze. Nicht schlecht.

Ganz schön idyllisch: Die Ansicht der barocken Kirche in Dietkirch ist nur ein Beispiel dafür, wie die Natur im Naturpark sehenswerte Ziele rahmt.

Abwechslungsreiche Landschaften

Ein Naturpark – drei Landschaften: die Stauden, die Reischenau und der Holzwinkel

Der Naturpark Augsburg–Westliche Wälder erstreckt sich (im Wesentlichen) über drei Landschaften. Die hügelreiche Region südlich von Augsburg nennt man die Stauden. Westlich der Großstadt Augsburg dehnt sich das weite Becken der Reischenau um Dinkelscherben aus. Der nördliche Teil des Naturparks ist der wald- und hügelreiche Holzwinkel.

Was weit weniger bekannt ist: Der Naturpark ist letztlich auch ein Kulturpark. Ein Schloss Neuschwanstein gibt es hier zwar nicht, dafür aber viele Stationen, die an Geschichte(n) erinnern – an Augsburger Bischöfe wie St. Ulrich, an Augsburger Patrizier wie die Fugger, aber auch an Habsburger und Wittelsbacher, große Künstler und große Kriege, Römer, Ritter und die Reformation. W.A. Mozarts Familie kommt von hier. Wallfahrtskirchen und barocke Klöster sind landschaftsprägende Ziele im Naturpark. Das kulturelle Zentrum ist das Kloster Oberschönenfeld. Dieses Buch stellt mehr als 70 Ziele vor.

1 Kloster Oberschönenfeld

Das kulturelle Zentrum des Naturparks in Bauten eines barocken Klosters. Ziele sind dort das Museum Oberschönenfeld, das Naturpark-Haus und das Staudenhaus.

2 Autobahnkirche Adelsried

Diese junge Kirche ist nicht spektakulär. Und doch ist sie etwas ganz Besonderes – die erste Autobahnkirche nämlich, die in Deutschland für Reisende gebaut wurde.

3 Mozartkirche Biberbach

Eine sehenswerte barocke Wallfahrtskirche voller Geschichte(n) von den Fuggern, von „Wolferl" Mozart, von Bilderstürmern und vom Schrecken des Dreißigjährigen Kriegs.

4 Schertlin von Burtenbach

Der Ritter, der Rom in Brand steckte, war ein Haudegen nach Luthers Geschmack. In der Schlosskirche findet man Schertlin von Burtenbach gemalt und in Stein gehauen.

5 St. Michael Fischach

Die kunstvollen Fresken in dieser Kirche „erzählen" von Reformation und Gegenreformation. Diese Malereien lassen die Gehässigkeit des Glaubensstreits erahnen.

6 Barockorgel Gabelbach

Im Inneren einer prächtigen Dorfkirche bei Zusmarshausen findet man Süddeutschlands älteste Barockorgel. Und der „Blaue Kurfürst" kämpft hier im Türkenkrieg.

7 Kloster Holzen

Eine barocke Kleiderpuppe, das „Holzener Christkind", ist das Gnadenbild der Klosterkirche. Der barocke Komplex dominiert das Lechtal am östlichen Rand des Naturparks.

8 Fuggerschloss Kirchheim

Der Kirchheimer Zedernsaal ist einer der bedeutendsten Prunkräume der deutschen Renaissance. Im Schloss und in der Schlosskirche arbeiteten Starkünstler der Epoche.

9 Maria Vesperbild

Es gibt etliche barocke Wallfahrtskirchen im Naturpark. Doch Maria Vesperbild ist die mit den meisten Schlagzeilen – wohl auch die mit den meisten Wallfahrern.

10 Fuggerschloss Mickhausen

Das Schloss mitten im Ort und die nahe Kirche St. Wolfgang lassen den Glanz des Herrschaftsortes der Fugger erahnen. Ein Fenster erinnert an Kaiser Maximilian I.

11 Wallfahrtskirche Violau

Der Sakralbau im Holzwinkel zählt zu den schönsten Wallfahrtskirchen der Region. Die „Johannesschüssel" ist das ziemlich ungewöhnliche Gnadenbild der Wallfahrt.

12 St. Thekla Welden

Das von einem Grafen Fugger bezahlte Rokokojuwel auf dem Theklaberg hoch über Welden gilt als das bedeutendste Baudenkmal im Landkreis Augsburg.

13 Wertingens Zentrum

In der Stadt am Rand des Donautals stößt man auf ein Schloss und eine ungewöhnliche Kirche. Sie erinnern an eine bewegte Geschichte – und an die Wittelsbacher.

14 Albertus von Wörleschwang

Das ist ziemlich exklusiv: Der Naturpark hat sogar drei „eigene" Hirten-Heilige. An den heiligen Albertus von Wörleschwang erinnert die Wörleschwanger Pfarrkirche.

Im Naturpark südlich von Augsburg

Kloster Oberschönenfeld, eine „Wolfsheilige“ und Fuggerschlösser

Anhausen
Aretsried
Augsburg-Bergheim
Burgwalden
Diedorf
Dietkirch
Elmischwang
Fischach
Grimoldsried
Heimberg
Kirchheim
Klimmach
Markt Wald
Mickhausen
Mittelneufnach
Oberschönenfeld
Schwabegg
Straßberg
Türkheim
Tussenhausen
Waldberg
Weiherhof
Willmatshofen
Wollishausen
Wollmetshofen

Das Fuggerschloss Wellenburg im Augsburger Stadtteil Bergheim ist nur von Weitem zu sehen.

Eine Lindenallee, ein Fuggerschloss, eine Selige: Augsburgs Beitrag zum Naturpark

Im Augsburger Süden beginnt der Naturpark mit ziemlich viel Fugger – in Wellenburg wie in Bergheim. Eine Lindenallee führt zum Fuggerschloss, zu Fuggerlilien – und einer „Wolfsheiligen".

Nur ein kleines Stück Augsburg gehört zum Naturpark, doch das bietet sich als Einstieg an. Mit der Lindenallee zum Fuggerschloss Wellenburg im Stadtteil Bergheim, einem Naturdenkmal mit Aussicht auf den neugotischen Schlossturm, geht der Weg ansprechend los. Den Turm sieht man nur von fern. Im Schloss wird privat gewohnt.

An der Straßengabelung südlich des Schlosses steht ein Bildstock. Eine Sandsteinfigur hinter dem schützenden Gitter stellt die selige Radegundis dar. Der Legende nach war diese „Wolfsheilige" Magd auf dem Fuggerschloss gewesen. Beim Weg zur Pflege von Aussätzigen wurde sie von Wölfen angefallen und tödlich verletzt.

In einem Bildstock beim Fuggerschloss stellt eine Sandsteinfigur die „Wolfsheilige" Radegundis dar.

Im nahegelegenen Bergheim lohnt der Blick in und auf die Kirche St. Remigius. Auf einem Epitaph und an den Zeigern der Turmuhr entdeckt man die Fuggerlilien.

Die Lilie – das Wappenbild der Fugger – ziert sogar die Zeiger der Bergheimer Kirchturmuhr.

Masken, Masken und noch mehr Masken ... In Diedorf sieht man tausende davon – von überall her und aus den verschiedensten Materialien.

Eine private Sammlung – ein ganzes Museum führt durch die Welt der Masken

Das Maskenmuseum in Diedorf beherbergt eine Sammlung von tausenden Masken aus aller Welt. Untergebracht ist das Privatmuseum in einer alten Schmiede mitten im Ortszentrum.

Im Maskenmuseum in Diedorf hängen und liegen einige tausend Masken in zehn Räumen dreier Geschosse der früheren Dorfschmiede und im dazugehörigen Stadel. All diese Masken hat der Kunstlehrer Michael Stöhr in Jahrzehnten gesammelt. Gefunden hat er sie in Europa, Afrika, Amerika, Asien und Ozeanien. Diese Masken wurden zu verschiedensten Anlässen getragen: als Fasnachtsmaske, als Perchtenmaske, als exotische Ritualmaske. Gefertigt wurden sie oft aus Holz, aber auch aus Keramik, Glasperlen, Muscheln – sogar aus Dung vom Yak, Bienen- und Hornissennestern oder Schildkrötenpanzern. Bis zu zweistündige Führungen sind möglich.

Eine „Mozartkirche": Der Augsburger Hans Georg Mozart hat die Kirche St. Adelgundis umgebaut.

St. Adelgundis – die Dorfkirche, an der Baumeister Mozart baute

Eine Kirche im Diedorfer Ortsteil Anhausen erinnert an den Urgroßonkel von Wolfgang Amadé Mozart. Der Augsburger Vorfahre war Baumeister und hat St. Adelgundis barockisiert.

Fährt man auf der Bundesstraße B 300 Richtung Süden, folgt auf die Masken in Diedorf Mozart in Anhausen – nicht „der" Mozart, sondern ein Verwandter. Am südlichen Ortsrand und damit am Rand des Anhauser Tals steht die barocke Pfarrkirche St. Adelgundis. Der Werkmeister des Augsburger Domkapitels, Baumeister Hans Georg Mozart, leitete den Umbau und die Erweiterung dieser Kirche. Der Urgroßonkel W. A. Mozarts hat 1708 den Chor, 1711 den Turmoberbau und die Zwiebelhaube sowie 1716 wohl auch das Langhaus erneuert. Idyllisch ist der Blick auf diese Kirche vom Waldrand im Anhauser Tal aus: Dort steht eine der Kultur- und Info-Installationen des Radwegs „Der Schwäbische Mozartwinkel".

Ein malerisches Ensemble in reizvoller Alleinlage im Schwarzachtal: Das Barock prägt die Bauten des Klosters Oberschönenfeld.

Das kulturelle „Herz" des Naturparks: das Kloster Oberschönenfeld

Das Kloster Oberschönenfeld ist unbestritten das kulturelle Zentrum im Naturpark Augsburg–Westliche Wälder, und zwar auch wegen der dortigen Museen. Es ist ein ausgedehnter Baukomplex in reizvoller Alleinlage – und sogar ein wichtiger Ort in der Geschichte der schwäbischen Mozarts. Nicht zuletzt ist das Areal auch ein „Denkmal" der Leistungen des bayerischen Bezirks Schwaben, der große Teile dieses barocken Ensembles gerettet, saniert und als kulturelle Einrichtungen bewahrt hat.

Heute ist es kaum noch zu glauben. Doch in einem 1970 erschienenen Denkmalführer steht es schwarz auf weiß: Ein Teil der (seinerzeit desolaten) „Nebengebäude, die den malerischen Reiz der Gesamtanlage innerhalb der Ummauerung ausmachen", sei „als Sanierungsmaßnahme zum Abbruch vorgesehen". So ist es dann aber doch nicht gekommen – dem Bezirk Schwaben (damals

Der einstige Stallbau für Zugpferde und -ochsen beherbergt das „Museum Oberschönenfeld". Im Vordergrund ist der nach klösterlichem Vorbild angelegte Garten zu sehen. Das Besucherzentrum liegt hier gleich nebenan.

personifiziert durch Bezirkstagspräsident Dr. Georg Simnacher und Bezirksheimatpfleger Dr. Hans Frei) sei Dank. Fast alle Bauten und Relikte der Landwirtschaft blieben erhalten. Sogar die Ummauerung des Klosters hat man wiederhergestellt. Die geretteten und umgenutzten Ökonomiegebäude des Klosters Oberschönenfeld sind nun quasi ein „Denkmal" der Leistungen des Bezirks Schwaben. Er erhielt bei dieser Mammutaufgabe Unterstützung – auch finanzielle – vom Freistaat Bayern und vom damaligen Landrat des Landkreises Augsburg, Dr. Fritz Wiesenthal. Der Hintergrund: Die spätestens seit 1211 (und bis heute) bestehende Zisterzienserinnenabtei hatte seinerzeit ihre Landwirtschaft aufgegeben. Brauerei und Pfisterei, die Ställe für Pferde, Ochsen und Schafe, die Remise für Kutschen und Ackerwagen, aber auch die Wohnbauten der Knechte und Mägde in der Landwirtschaft und der Torbau des Klosters waren zur nutzlosen Last geworden, die allmählich verkam.

Im Eingangsbereich des „Museums Oberschönenfeld" stößt man auf das Schlagwerk einer Turmuhr, bekrönt vom auf Blech gemalten Wappen der Äbtissin Maria Victoria Farget.

Wer das Areal heute betritt, sieht es bestätigt: Die etliche Millionen schwere Investition in die Wirtschaftsgebäude dieses Ensembles im Ortsteil der Gemeinde Gessertshausen hat sich augenscheinlich ausgezahlt. Optisch allein deshalb, weil die im Wesentlichen von 1735 bis 1763 entstandenen Ökonomiebauten gemeinsam mit der 1721/22 erneuerten Abteikirche Mariä Himmelfahrt sowie dem angrenzenden vierflügeligen Klostergebäude einen landschaftsprägenden Komplex in barocker Unversehrtheit bilden. Das aufwendig renovierte Kloster Oberschönenfeld – eingebettet in die hügelige Landschaft des stillen Schwarzachtals – ist ein ebenso ansprechendes wie äußerst beliebtes Ausflugsziel und ein touristisches Zugpferd dieser Region.

Das liegt auch daran, dass sich ein Blick in die Klosterkirche lohnt, deren Innenausstattung – so die Website des „Museums Oberschönenfeld" – „zu den schönsten des ausgehenden Rokoko in Bayerisch-Schwaben" zählt.

Im „Museum Oberschönenfeld“ trifft man unter anderem auf die legendären „Sieben Schwaben“.

Das liegt zudem an der Gaststätte mit sommerlichem Biergartenbetrieb beim Torbau von 1735. Und das liegt an den kulturellen Angeboten auf und beim Kloster-

Ein 1743 errichteter Ökonomiebau beherbergt die Galerie zeitgenössischer schwäbischer Kunst.

Das „Naturpark-Haus" informiert mit einem Landschaftsdiorama: Über eine Kriechröhre kommt man dort der Tierwelt im Naturpark ganz nah.

areal. Die sicherlich bekannteste dieser Einrichtungen ist das „Museum Oberschönenfeld", das sowohl mit seiner Dauerausstellung als auch mit Sonderausstellungen die bäuerliche Alltagskultur, Kultur und Berufswelt der Menschen in der Region sowie die Geschichte des Zisterzienserinnenklosters informativ präsentiert. Man stößt auf zwei Geschossen des 1708 erbauten einstigen Ochsen- und Pferdestalls auf das Märchen von den Sieben Schwaben ebenso wie auf die Geschichte der Äbtissinnen des Klosters, dessen Baugeschichte und die „Klosterwelt im Wandel" einschließlich feiner Klosterarbeiten. Das „Museum Oberschönenfeld" wurde 2019 mit dem Bayerischen Museumspreis ausgezeichnet.

Zu diesem Museum gehört auch die „Schwäbische Galerie" in einem 1743 durch Hans Adam Dossenberger errichteten Ökonomiegebäude, das seinerzeit als Wagnerei, Zimmerei und Stall für Mastochsen diente. Die Galerie versteht sich als „Ausstellungshaus für zeitgenössische Kunst aus der Region".

Das östlich der Schwarzach wiederaufgebaute Staudenhaus ist ein Bauernhausmuseum.

Der ehemalige Schafstall der Abtei – um 1710/30 neu erbaut – beherbergt seit 2013 das Besucherzentrum. Auch dort vermittelt eine Dauerausstellung Wissenswertes zu Oberschönenfeld sowie zum Museum, zur Region um das Kloster und zum bayerischen Schwaben. Ansprechend gestaltete Stationen und multimediale Präsentationen vertiefen die Ausstellungsinhalte. Im benachbarten „Naturpark-Haus" trifft man in der Dauerausstellung „Natur und Mensch im Naturpark"auf Fuchs und Hase, Reh und Wildschwein, auf eine sprechende Eiche und einen neugierigen Buchensprössling.

Östlich des Klosterareals steht das sogenannte Staudenhaus. Das letzte mit Stroh gedeckte Bauernhaus in der Region wurde 1974 im nahen Döpshofen abgebrochen und als Museum wiederaufgebaut. Für ein Staudenhaus typisch war das nordseitig weit heruntergezogene Dach. Apropos Stauden: Im Archiv des Klosters Oberschönenfeld fand sich W.A. Mozarts erster belegter Vorfahre. Eine Urkunde von 1331 nennt „Heinrich Moztharts Hofstatt" in Heimberg, einem Weiler in den Stauden.

Reizvoll am Fluss: Auch die Kirche in Dietkirch bei Gessertshausen ist ein Teil der barocken Klosterlandschaft um Oberschönenfeld.

Ein Barockensemble an der Schmutter verrät das Laster der Äbtissinnen

Ansprechende Barockkirchen findet man im Naturpark etliche. Doch kaum eine fügt sich derart reizvoll in die Landschaft ein wie St. Johannes der Täufer in Dietkirch. Sie liegt idyllisch an den Mäandern der Schmutter. Und auch diese Kirche zeugt von der Lust der Oberschönenfelder Äbtissinnen am barocken Bauen.

Errichtet wurde diese Kirche auf einer ehemaligen Insel der Schmutter. Das Flüsschen strömt deshalb heute ganz nah daran vorbei. Urkundlich erwähnt wurde sie erstmals 1254, als das nahe Kloster Oberschönenfeld das Patronatsrecht erhielt. Bis zur Säkularisation hatten hier deshalb die Äbtissinnen des Klosters das Sagen. Sie frönten auch dort dem Laster der Baulust: Der Grundstein für die – mit Ausnahme des Turms – neue Kirche wurde 1723 unter Äbtissin Maria Victoria Farget gelegt. Das Pfarrhaus entstand 1746 unter Äbtissin Cäcilia Wachter.

Liegt idyllisch und sieht auch ganz aus der Nähe betrachtet gut aus: die Kirche in Wollishausen.

Ein Rokokojuwel im Heimatdorf der Baumeisterdynastie der Dossenberger

Aus dem hoch über der Schmutter gelegenen Wollishausen stammt die bedeutende Baumeisterdynastie der Dossenberger. In ihrem Heimatdorf errichteten zwei Dossenberger die Rokokokirche St. Peter und Paul – auch hier im Auftrag einer Äbtissin im nahen Oberschönenfeld. Ein Bau auch mit „inneren Werten".

In Dietkirch errichteten die Gebrüder Hans Adam und Joseph Dossenberger das Pfarrhaus. Der Heimatort der Baumeisterdynastie dieser Dossenberger war das nahegelegene Dorf Wollishausen. Joseph Dossenberger war an mehr als 40 schwäbischen Sakralbauten tätig. Sein Bruder Hans Adam baute zum Beispiel die Theklakirche der Fugger in Welden. In Wollishausen hatten die Brüder 1747 ein „Heimspiel". Dort errichteten sie die Kirche St. Peter und Paul – ein sehenswerter Rokokobau hoch über dem Schmuttertal. Im Inneren entdeckt man unter anderem die Figur des Bistumsheiligen St. Ulrich.

Schweifgiebel und Zwiebelhaube: das Weiherhof-Ensemble, wie es noch 2023 aussah.

Der Weiherhof und der „Bauwurmb" der Äbtissinnen im Kloster Oberschönenfeld

Es war ein reizvolles Ensemble im Gessertshauser Ortsteil Weiherhof, der ehemalige Gasthof mit der Kapelle davor. Diese Ansicht verriet ein Laster der Oberschönenfelder Äbtissinnen: den „Bauwurmb". Der Schweifgiebel entsteht bis 2026 neu – bis dahin ist der Weiherhof nämlich eine Großbaustelle des Bezirks Schwaben.

Der Überlieferung nach soll der Weiherhof, der an der Landstraße zwischen Oberschönenfeld und Döpshofen liegt, der Ursprung des nahen Klosters gewesen sein. Das Ensemble am Straßenrand kann man gar nicht übersehen. Der frühere Gasthof mit seinem breiten Schweifgiebel wurde 1728 unter der Oberschönenfelder Äbtissin Maria Victoria Farget errichtet, 1738 auch die Kapelle. Bis 2026 ist der Weiherhof eine Großbaustelle des Bezirks Schwaben, der hier ein Depot und Räume für die Kunst entstehen lässt. Der historische Giebel ist danach rekonstruiert erhalten, die barocke Kapelle im Original.

Ein Bauernhaus im Fischacher Weiler Heimberg ist das erste sicher belegte Haus eines Mozarts.

Das erste bekannte Wohnhaus eines schwäbischen Vorfahren W. A. Mozarts

Ein Bauernhaus im Fischacher Ortsteil Heimberg erinnert an Ändris Motzhart – das älteste bekannte Haus eines Vorfahren Wolfgang Amadés. Ein Mozart-Radweg führt daran vorbei.

Um Fischach fanden Forscher ein paar hundert Mozarts. Der dortige Weiler Heimberg könnte – väterlicherseits – die Heimat der Vorfahren W. A. Mozarts gewesen sein. Der Beiname „Heimberger" hätte um ein Haar den berühmten Namen Mozart verdrängt. Eine Urkunde des Klosters Kaisheim belegte 1486 einen Ändris (Andreas) Motzhart als Bewohner. Eine kleine Gedenktafel an der Fassade des schlichten, privat bewohnten Bauernhauses macht auf den frühen Mozart aufmerksam. Bei diesem Haus steht zudem eine Kultur- und Info-Installation des Mozartwegs „Der Schwäbische Mozartwinkel" – es ist ein von der Regio Augsburg Tourismus GmbH initiierter Radwanderweg zu Stationen der Mozart-Geschichte.

Dem Turm von St. Michael sieht man die Bauzeit um 1490 wegen seiner gotischen Stilelemente an. Im Inneren entdeckt man feinste Rokokofresken.

In St. Michael: ein „Theatrum sacrum" mit Engelssturz und fallenden „Irrlehrern"

Die Fresken in der Fischacher Kirche sind große Kunst – und ein flammendes Fanal der Gegenreformation. Der Erzengel Michael stürzt dort den Luzifer. Und wer die Botschaft noch nicht verstanden haben sollte: Im Chor fahren zwei Häretiker zur Hölle.

Nur von außen betrachtet macht die Fischacher Kirche St. Michael nicht unbedingt den Eindruck, dass man das Innere des Sakralbaus besichtigen muss. Doch genau das muss man: Die Fresken im Langhaus und im Chor bieten ein „Theatrum sacrum" vom Feinsten – ein farbensattes Gewimmel von Protagonisten, 1753 vom Weißenhorner Franz Martin Kuen gemalt. Die Fresken der Kirche, in der das Kollegiatstift von St. Peter in Dillingen (der zweiten Bischofskirche im Bistum Augsburg) das Sagen hatte, waren unmissverständlich ein Fanal der Gegenreformation. In der gemischt-konfessionellen Bischofsstadt Augs-

Das Hauptbild im Langhaus zeigt Luzifers Höllensturz: Der Erzengel Michael bezwingt den Satan.

burg hätte es damals keiner gewagt, derart pointierte Propagandabilder des alten Glaubens zu beauftragen – im fernab gelegenen Fischach aber traute man sich das.

Dramatisch: der Fall der „Irrlehrer" im Chorfresko. Ihre Attribute kennzeichnen zwei Protestanten.

Mehr als 400 Grabsteine auf dem Jüdischen Friedhof in Fischach belegen, dass im Ort lange Zeit eine bedeutende Landgemeinde bestand.

In Fischach erinnert ein Friedhof an eine verschwundene jüdische Gemeinde

Anfang des 19. Jahrhunderts war fast die Hälfte der Fischacher Bevölkerung jüdisch. Heute erinnert insbesondere der Friedhof an diese einst bedeutende Landgemeinde.

Die Habsburgerkaiser verstanden sich als Schutzherren der Juden. Der Judenschutz beinhaltete das Recht zur Aufnahme jüdischer Gemeinden, zu ihrer Besteuerung, aber auch zu ihrer Vertreibung. Im Gebiet des heutigen Naturparks war in der Praxis die Markgrafschaft Burgau Schutzherrin der Juden, was auch in Fischach ab 1573 zur Bildung einer namhaften jüdischen Landgemeinde führte. Ihr Friedhof wurde 1774 angelegt (letzte Beisetzung 1942). Erhalten sind Grabsteine (wohl bis aus der Zeit kurz vor 1800), das Taharahaus und die Friedhofsmauer. Die Synagoge im Ort wurde 1938 geschändet und später (wie auch ein Schul- und Rabbinatsgebäude) umgenutzt.

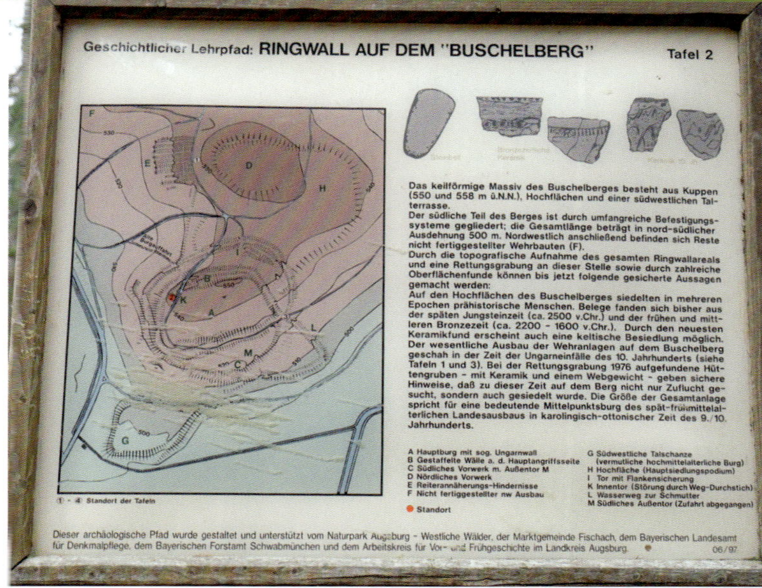

Relikte einer Ungarnschutzburg erinnern an die Zeit vor der Schlacht auf dem Lechfeld von 955.

Relikte einer Fliehburg der Ungarnzeit: der Ringwall auf dem Buschelberg

In Fischach gelangt man über die Buschelbergstraße zur gleichnamigen bewaldeten Anhöhe im Ortsteil Aretsried. Relikte einer Ungarnschutzburg erinnern dort an die Zeit vor dem Jahr 955.

Bis zur Schlacht auf dem Lechfeld im Jahr 955 war die Gegend um Augsburg mehrfach dem Einfall ungarischer Reiterhorden ausgesetzt. Das ummauerte Augsburg konnte sich verteidigen. Die Dörfer aber waren den Angriffen und Plünderungen bis zur Schlacht auf dem Lechfeld schutzlos ausgeliefert. Auf dem Land zogen sich die Menschen vor den Angreifern in Ungarnschutzburgen zurück, die in der Regel auf bewaldeten Hügeln angelegt wurden. Der Ringwall Buschelberg am nördlichen Ortsrand von Fischach (im Ortsteil Aretsried) ist eine der besterhaltenen Fliehburgen aus dieser Zeit im Augsburger Umland. Infotafeln beim Bodendenkmal erklären die Funktionen der Wälle und Gräben.

Schloss Elmischwang steht im gleichnamigen Fischacher Ortsteil. Die vier wuchtigen Ecktürme sind im Stil der Neorenaissance erbaut worden.

Eine lange Vorgeschichte und ein „junges" Schloss: Neorenaissance im Neufnachtal

Schloss Elmischwang nahe Wollmetshofen ist seit dem 15. Jahrhundert belegt. Der heutige Bau wurde erst kurz nach 1900 errichtet: Damals entstand ein filmkulissenreifes Landschlösschen.

Zugegeben: Viel unternehmen kann man beim Schloss im Fischacher Ortsteil Elmischwang ja einerseits nicht. Andererseits kann man dieses Landschlösschen am südlichen Rand des Neufnachtals neben der Landstraße zwischen Fischach und Wollmetshofen gar nicht übersehen. Da das Bauwerk aber ohnehin nah am Waldrand steht, bietet sich ein kurzer Spaziergang drumherum jedenfalls an. Das heutige Gebäude wurde erst in den Jahren 1902/03 errichtet: Das erklärt die Fassade im Stil der Neorenaissance. Der viel ältere Vorgängerbau hatte prominente Besitzer – mal gehörte er dem Augsburger Domkapitel, mal den Fuggern und mal den Rehlingern.

Eine Nische in der Nordwand im Chor der Kirche St. Jakobus d. Ä. in Wollmetshofen birgt eine Figur des ruhenden Apostels.

Der ruhende Apostel Jakobus d. Ä. macht Wollmetshofen zur Station am Pilgerweg

Jakobus d. Ä. ist der Kirchenpatron der Kirche in Wollmetshofen. Dort stößt man auf eine seltene Darstellung des Apostels, eine Liegefigur samt Pilgerstab und Pilgerhut in einem gläsernen Schrein in der Nordwand des Chors.

Die Kirche St. Jakobus d. Ä. steht unübersehbar in der Dorfmitte von Wollmetshofen. Wenige gotische Relikte erinnern daran, dass diese 1860, 1936/37 und zuletzt im Jahr 1977 erneuerte und erweiterte Pfarrkirche im Kern viel älter ist. Wegen der ungewöhnlichen Verkörperung des unter Herodes Agrippa – dem König von Judäa – enthaupteten Apostels ist diese Kirche eine Station am „Bayerisch-Schwäbischen Jakobusweg“, einem Teilstück im Netz europäischer Jakobswege, die in Santiago de Compostela enden. In einem gläsernen Schrein im Chor liegt die farbig gefasste Figur des ruhenden Jakobus.

Die Brennburg bei Willmatshofen ist nur eine unter einem Dutzend Keltenschanzen im Naturpark. Doch die Erdwälle dieser Viereckschanze sind im Gelände besonders gut auszumachen.

Die Brennburg bei Willmatshofen: zu den Wällen einer keltischen Viereckschanze

Spuren von keltischen Viereckschanzen entdeckt man im Naturpark etwa ein Dutzend. Eine der am besten erhaltenen ist die Brennburg südwestlich des Fischacher Ortsteils Willmatshofen.

Die spätkeltische Viereckschanze Brennburg liegt etwa einen Kilometer südwestlich von Willmatshofen am Waldrand nahe der Landstraße in Richtung Unterrothan. Das Erdwerk dieses Bodendenkmals auf einer Anhöhe über dem Schmuttertal wurde beinahe quadratisch angelegt: In allen vier Himmelsrichtungen sind die Wälle mehr als hundert Meter lang. Das Erdwerk ist eine von süddeutschlandweit mehr als 300 keltischen Viereckschanzen. Im Landkreis Augsburg finden sich weitere Keltenschanzen bei Schwabegg, Reutern und Heretsried sowie beim Weiler Peterhof unweit von Rettenbergen.

Im Biergarten in Burgwalden schaut man auf die Kirche Unsere Liebe Frau und St. Franziskus.

Das untergegangene Wasserschloss im Fischweiher – und eine Kirche der Fugger

Der Biergarten über einem der Burgwaldener Weiher liegt verführerisch am (Rad-)Weg. Die kleine Kirche daneben erinnert an einen Wirtschaftskrimi aus der großen Zeit der Fugger.

Der kleine Bobinger Ortsteil Burgwalden ist eines der beliebtesten Ziele im Südwesten von Augsburg: Bekannt ist diese Siedlung wegen der dortigen Fischteiche (in denen neuerdings nicht mehr gebadet werden darf) und einer Waldgaststätte. Seine spannende Geschichte sieht man diesem Ort nicht sofort an. Dort ließ der schärfste Rivale der Fugger im Montangeschäft, Ambrosius Höchstetter, die Kirche und ein Wasserschloss erbauen. 1529 ging er aber bankrott. Wenn das Wasser in den Teichen abgelassen wird, soll man noch die Fundamente dieses 1726 abgetragenen Schlosses sehen. 1628 übernahmen die Fugger-Wellenburg diesen Ort. In der Kirche findet man ihr Wappen und etliches mehr zu den Fuggern.

Der Grabstein Roy Blacks in Straßberg zeigt das Porträt des Schlagersängers auf einem Medaillon. Zum Friedhof pilgern bis heute treue Fans.

Roy Blacks Grabmal macht Straßberg zum „Pilgerort" einer treuen Fangemeinde

Sein Grabstein auf dem Friedhof in Straßberg zeigt das Porträt des Schlagersängers Roy Black. Er wird bis heute von einer nicht eben kleinen Fangemeinde verehrt. Etliche „pilgern" hierher.

Die Stadt Bobingen liegt knapp außerhalb des Naturparks Augsburg–Westliche Wälder, ihr westlich gelegener Ortsteil Straßberg jedoch ebenso knapp „drin". Der Friedhof dieses Dorfes ist ein „Pilgerort" für die bis heute treue Fangemeinde eines der wohl bekanntesten deutschen Schlagersänger aller Zeiten. Mit unvergleichlichem Schmelz in der Stimme und mit Hits wie „Ganz in Weiß" sang sich der gebürtige Straßberger in die Herzen der Liebhaber deutscher Schlager. „HÖLLERICH" steht in Metalllettern auf dem Grabstein: Gerhard Höllerich war Roy Blacks bürgerlicher Name. Als er 1991 erst 48-jährig verstarb, wurde er in seinem Heimatdorf bestattet.

15 Gemälde in der Kirche von Waldberg stellen Szenen aus der Radegundis-Legende dar.

Eine „Bildergalerie" in Waldberg zeigt die Legende einer „Wolfsheiligen"

Die selige Radegundis ist eine der drei „Wolfsheiligen" Bayerns. In der katholischen Pfarrkirche Zur Heiligen Dreifaltigkeit in Waldberg überliefern 15 Ölgemälde die Vita dieser Wohltäterin.

In Waldberg, einem Ortsteil der Stadt Bobingen, steht die eher nüchtern wirkende katholische Pfarrkirche Zur Heiligen Dreifaltigkeit. Der kleine Sakralbau entstand ab 1817 anstelle eines Vorgängerbaus. Geweiht wurde die Kirche 1828. Schon 1856 wurde sie aber als „höchst ungeschmackvoll" beschrieben. Über Geschmack lässt sich streiten – nicht aber darüber, dass sich der Blick in die Kirche lohnt. Dort findet man die Gebeine der seliggesprochenen Radegundis. 15 Gemälde illustrieren ihre Legende: Die Dienstmagd im Fuggerschloss Wellenburg pflegte an den nahen Waldrand verbannte Aussätzige. Auf dem Weg dorthin fielen sie Wölfe an. Radegundis wurde dabei schwer verletzt. Sie starb drei Tage später.

Raymund Fugger ließ das „Staudenschloss" in Mickhausen bauen. Eine Stiftung will das Schloss nach der Sanierung öffentlich zugänglich machen.

Das Fuggerschloss in Mickhausen: eine „Immobilie mit Perspektive"

Die Vergangenheit des einstigen Fuggerschlosses in Mickhausen ist bestens erforscht. Noch etwas weniger klar war im Jahr 2024 die Zukunft dieses Renaissancebaus, der einst der Mittelpunkt einer großen Herrschaft der reichen Fugger in den Stauden war.

In Mickhausen ließ sich schon Kaiser Maximilian I. ab 1513 einen Herrensitz zum Jagdschoss ausbauen, das er aber 1518 aufgab. 1528 erwarb der reiche Raymund Fugger die Herrschaft Mickhausen samt der Rechte und Grundbesitz in mehr als 20 Dörfern der Stauden. Er ließ ab 1535 „allain aus pauenslust" sein Renaissanceschloss errichten. Dieses zuletzt bis 1967 als Altenkrankenheim genutzte „Staudenschloss" war lange Jahre dem Verfall preisgegeben. 2016 wurde das Schloss von der Hermann Messerschmidt Kulturerbe-Stiftung erworben, um es zu sanieren und samt Schlosspark zugänglich zu machen.

Das Wappen Maximilians I. – mit einköpfigem Adler – ziert ein Kirchenfenster in Mickhausen.

St. Wolfgang in Mickhausen: der Habsburgeradler im Kirchenfenster

Die Fugger haben die Kirche St. Wolfgang in Mickhausen bauen lassen. Deshalb ziert ihr Lilienwappen die Fenster der Dorfkirche, und das direkt neben dem Wappenbild des Habsburgerreichs.

Die prominenten „Immobilienbesitzer" im Staudendorf Mickhausen finden sich in Glasmalereien in den Fenstern der ohnehin sehenswerten Kirche St. Wolfgang wieder. Im nord- wie im südseitigen Fenster sieht man Wappen zweier Fugger und ihrer Ehefrauen. Der Clou aber ist das Adlerwappen der Habsburger im Nordfenster. Wie es dort hinkommt? Zum einen hatte Raymund Fuggers Bruder Anton Fugger diese Kirche von 1535 bis 1538 anstelle der abgerissenen Schlosskapelle Maximilians I. errichten lassen. Zum anderen ließen die Fugger keine Gelegenheit aus, die tiefe Verbundenheit mit dem Haus Habsburg herauszukehren: Zu wichtig waren die Habsburger für die Montan- und Finanzgeschäfte der Fugger.

Am Waldrand über Grimoldsried steht die ganz aus Holz errichtete sogenannte Staudenkapelle.

Die Staudenkapelle bei Grimoldsried: die Idee eines heimatverbundenen Landrats

1982/83 hat man die Landrat-Dr.-Frey-Staudenkapelle am Rand des Waldes bei Grimoldsried errichtet. Die Namensgebung des aus Holz gezimmerten Bauwerks erinnert nun an einen Politiker mit großen Verdiensten um den Naturpark.

Der 1987 verstorbene Dr. Franz Xaver Frey war bis 1972 Landrat des früheren Landkreises Schwabmünchen und bis zu seinem Tod Landrat des Landkreises Augsburg. Der heimatverbundene Politiker war 1974 auch Gründungsvorsitzender des Naturparkvereins Augsburg–Westliche Wälder. Die Staudenkapelle bei Grimoldsried entstand auf seine Anregung hin. Der ganz und gar aus massiven Holzbalken errichtete Bau am Waldrand steht auf einer Anhöhe zwischen den Tälern des Flüsschens Neufnach und des Schweinbachs, der in die Schmutter mündet. Der Standort an einem der höchsten Punkte in den Stauden ermöglicht den weiten Blick auf die umliegenden Orte.

Typisches Barock am Seitenaltar der Klimmacher Wallfahrtskirche – ein Pulk von Kinderengeln.

In der Wallfahrtskirche in Klimmach: jubilierende Putti im Stil des Barocks

Eine Kreuzpartikel in der Klimmacher Kirche Mater Dolorosa wurde im 16. Jahrhundert zum Wallfahrtsziel. Das Innere dieses Sakralbaus aber ist vom Barockzeitalter geprägt – nicht zuletzt mit musizierenden Engeln und einem Schwarm von Putti.

Viel schöner als die Pfarr- und Wallfahrtskirche im dörflichen Schwabmünchener Ortsteil Klimmach kann eine Dorfkirche kaum liegen. Etwas überraschend taucht ihr Turm hinter den Staudenhügeln auf. Es überrascht aber auch, in einem Örtchen mit rund 200 Seelen einen so prächtig ausgestatteten Sakralbau zu finden. Im frühen 18. Jahrhundert war diese Kirche neu errichtet worden. Im Inneren prägt deshalb Barock das Bild – Stuck im Wessobrunner Stil, musizierende Engel und ein Schwarm von Kinderengeln. Die Wallfahrt entstand lang vor dem Barockzeitalter: Eine 1554 geschenkte Kreuzpartikel hat die Wallfahrt zum Heiligen Kreuz in Klimmach ausgelöst.

Ein Reliefmodell am Lehrpfad zeigt, wie sich Dorfbewohner durch die Wälle der Haldenburg vor ungarischen Reitern zu schützen versuchten.

Die Haldenburg – eine Ungarnfliehburg, die schon mal dem ZDF als Motiv diente

Auch bei Schwabegg, circa 800 Meter südwestlich des dörflichen Ortsteils von Schwabmünchen, findet man Relikte einer Ungarnfliehburg. Eine Computeranimation dieses Bodendenkmals war sogar schon mal in einer Doku-Serie des ZDF zu sehen.

Auch die Haldenburg oberhalb des Lech-/Wertachtals bei Schwabmünchen ist eine jener Ungarnfliehburgen, die bis zur Schlacht auf dem Lechfeld um Augsburg entstanden waren. 2008 richteten die Bayerischen Staatsforsten, das AELF Augsburg, der Landkreis Augsburg und der Naturpark Augsburg–Westliche Wälder hier einen Wald- und Kulturlehrpfad ein. Der Lehrpfad zeigt, wie die Höhenburg aussah: Erdwälle und andere Hindernisse sollten angreifende Reiter abhalten. Eine zeichnerische Rekonstruktion der Haldenburg nutzte das ZDF für eine Computersimulation in der Doku-Serie „Die Deutschen".

Die weite Aussicht war wohl der Grund für die Entstehung der Turmhügelburg über Schwabegg.

Der Burghügel über Schwabegg: man sieht nicht sehr viel, doch dafür sehr weit

Gleich hinter der Kirche in Schwabegg beginnt der Weg hinauf zum Kalvarienberg. Ganz oben auf dem hohen Hügel liegen die Relikte einer mittelalterlichen Turmhügelburg. Von ihr sieht man nicht mehr viel, doch von dort aus gleich über zwei Flusstäler.

Weil Schwabegg direkt an der Wertachleite liegt, wirken die letzten Hügel des Naturparks über dem brettflachen Flusstal hier (gefühlt) besonders hoch. Das gilt auch für die dortigen Relikte der im „Bayerischen Krieg" (einem Krieg von Wittelsbachern gegen Wittelsbacher) 1421 zerstörten Höhenburg. Von dieser Burg sieht man zwar nicht mehr viel (eine Infotafel erklärt die Anlage), doch der Weg hinauf lohnt sich auf jeden Fall – und sei es „nur" wegen der spektakulär weiten Aussicht über die Lech-/Wertachebene. Der Weg zum Aussichtspunkt auf dem Kalvarienberg beginnt in Schwabegg direkt hinter der neugotischen Pfarrkirche Mariä Himmelfahrt.

Eine aus Baumstämmen gefertigte Riesenhand ist eine der teils originellen Skulpturen am Rand des „Besinnungswegs" bei Mittelneufnach.

Der „Besinnungsweg" – Bildhauerkunst an einem Wanderweg in den Stauden

Themenwege für interessante Wanderungen findet man im Naturpark Augsburg-Westliche Wälder etliche – vom „Ludwig Ganghofer Lausbubenweg" bei Welden bis zu den Etappen eines 36 Kilometer langen „Stauden-Meditationswegs". Der „Besinnungsweg" bei Mittelneufnach fällt aus dem Rahmen des Üblichen: An etlichen Stationen am Wegrand findet man Werke der Bildhauerei, harmonisch eingebunden in die Natur.

20 Stationen des „Stauden-Besinnungswegs" bei Mittelneufnach sind mit Texttafeln ausgestattet. So etwas gibt es anderswo auch. Das Besondere an diesem besonderen Weg sind aber die Bildhauerarbeiten an fast jeder dieser Stationen. Sie sollen den Respekt vor der Natur und den Stellenwert der erhaltenswerten Landschaft sowie ihrer Gaben widerspiegeln. „Die Quellen sind heilig" ist etwa unter dem hölzernen Relief einer Quellnymphe an einem

Besinnung, Bildhauerei – und Bäume: Vor der Waldkulisse steht eine menschliche Gestalt.

Bachlauf zu lesen. Entstanden ist der „Besinnungsweg“ anlässlich einer Flurneuordnung mit der Zielsetzung der Erhaltung der Kulturlandschaft um den Staudenort.

Der„Besinnungsweg“ führt in zwei Abschnitten durch die Landschaft: Der westliche nennt sich „Weg der Gemeinschaft“: An der gut dreieinhalb Kilometer langen Route, die bei der Pfarrkirche St. Johannes Evangelist beginnt, liegen insgesamt elf Stationen. Der etwas mehr als vier Kilometer lange östliche Kurs verbindet unter dem Motto „Mein persönlicher Weg“ insgesamt neun Stationen, zu denen neben Werken der Bildhauerei auch die Vierzehn-Nothelfer-Kapelle – eine kleine Feldkapelle – gehört. Beide Wege binden traditionelle Landschaftselemente ein. Jede der zwei Routen kann in etwa zweieinhalb Stunden Gehzeit absolviert werden. Dabei passiert man witzige Ideen – vom Schmetterling aus Holz bis zu einer Riesenhand aus Baumstämmen. Apropos Idee: Der „Besinnungsweg“ basiert auf einer Idee des Landschaftsarchitekten Rainer Söhmisch. Das Projekt ist von der EU, von der Bundesrepublik Deutschland und vom Freistaat Bayern gefördert worden.

Von der Aussichtsplattform auf dem Christoph-Scheiner-Turm aus schaut man auf die Staudenlandschaft, wo dieser Astronom geboren wurde.

Der Christoph-Scheiner-Turm würdigt den Entdecker der Sonnenflecken

Der Christoph-Scheiner-Turm steht etwa drei Kilometer vom Ortszentrum von Markt Wald entfernt: Dieser aus Holz gebaute Turm ist einerseits ein Aussichtspunkt mit Blick auf umliegende Dörfer in der Staudenlandschaft. Andererseits ist er auch ein Denkmal für den 1573 in Markt Wald geborenen Astronomen Christoph Scheiner, einen der Entdecker der Sonnenflecken.

Etwa neun Meter und 42 Stufen geht es hinauf zur Aussichtsplattform auf dem Christoph-Scheiner-Turm. Der 1988 errichtete Holzturm steht nördlich des Ortsteils Bürgle. Benannt wurde dieser Aussichtsturm nach dem in Markt Wald geborenen Astronomen, Physiker und Optiker Christoph Scheiner. Scheiner wurde (wie später Leopold Mozart) im Jesuitenkolleg in Augsburg ausgebildet. Später trat er dem Jesuitenorden bei und lehrte als Professor an den Universitäten in Ingolstadt und Rom.

Die Landstraße durch Markt Wald führt direkt an der Fassade eines Fuggerschlosses vorbei.

Das Fuggerschloss in Markt Wald und das Fuggerwappen in der Kirche

Das Fuggerschloss in Markt Wald und die dortige Pfarrkirche lassen erkennen, dass das Unterallgäu ehemals weitgehend „Fuggerland" war. Das Schloss gehört den Fuggern bis heute.

Zugegeben: Viel mehr unternehmen als die renovierte Fassade des Prachtbaus von außen zu bewundern, kann man beim Fuggerschloss in Markt Wald nicht. Denn das Landschloss wird privat bewohnt. Doch man kommt auf dem Weg durch den Ort an dem direkt an der Straße gelegenen Schloss gar nicht vorbei. Vom Schloss wäre es nicht weit zur Markt Walder Pfarrkirche Mariä Himmelfahrt: Dort sieht man das Fuggerwappen im Stuck am Chorbogen. Eines verdeutlichen beide Baudenkmäler: Das Unterallgäu war einmal „Fuggerland" – aber mal so richtig. Markt Wald gehörte ab dem 16. Jahrhundert den Fuggern – zunächst als Teil der Fuggerherrschaft Kirchheim, später der Fuggerherrschaft Babenhausen.

Der Blick aus dem weiten Tal der Mindel auf das Fuggerschloss im Markt Kirchheim. Der Turm der direkt angrenzenden Schlosskirche St. Petrus und Paulus überragt den Baukomplex.

Im Fuggerschloss in Kirchheim – zu Kaiser Karl V. in den Zedernsaal

Das Fuggerschloss in Kirchheim hoch über dem Mindeltal und sein Zedernsaal zählen zu den ganz großen Sehenswürdigkeiten im Naturpark Augsburg – Westliche Wälder. Das Schloss und die Schlosskirche lassen erahnen, dass die Fugger noch bis kurz vor 1550 mit ihrem Kupferkonzern richtig „Cash" gemacht hatten.

1551 stand dem Augsburger Konzernchef Anton Fugger, der Neffe und seit 1526 auch der Nachfolger Jakob Fuggers „des Reichen", der Sinn nach krisensicheren Geldanlagen. Er erwarb jetzt die Herrschaft Kirchheim (zu der etliche Dörfer um diesen Marktflecken hoch über dem Tal der Mindel gehörten), die Herrschaft Boos sowie drei Herrschaften im heutigen Baden-Württemberg. Auch dort entstanden Fuggerschlösser, doch das sicherlich bekannteste ist das in Kirchheim im Unter-

Durch das Renaissanceportal des Schlosses führt der Weg in den berühmten Zedernsaal.

allgäu: Erstens, weil es zum Stammsitz der Fugger'schen Linie von Kirchheim wurde, zweitens aber wohl auch wegen des Prunkstücks im Schloss, dem sogenannten

Eine Terrakottafigur in einer Muschelnische am Schlossportal verkörpert den Halbgott Herkules.

Der Zedernsaal gilt als ein herausragendes Raumkunstwerk des Renaissancezeitalters. An seiner Decke wurde mehrere Jahre lang gearbeitet.

Zedernsaal. Seine reich verzierte Kassettendecke wurde aus einem Dutzend verschiedenfarbiger Hölzer von dem Kunstschreiner Wendel Dietrich gefertigt. Der war nicht irgendwer: Er arbeitete auch für den Wittelsbacherherzog in München. Den Namen erhielt der Zedernsaal wegen der dort verarbeiteten indischen Zeder, deren Holz (neben Hölzern heimischer Laub- und Nadelbäume) bei der Gestaltung der Kassettendecke über dem mehr als 30 Meter langen, mehr als zwölf Meter breiten und zehn Meter hohen Saal eingesetzt wurde. Dieser Saal liegt vollständig unter dieser Holzdecke mit ihren bis zu 1,8 Meter tiefen dekorativen Elementen. An der Decke sind Rosetten, Satyrmasken und die unvermeidlichen Fuggerlilien zu erkennen. In den Zedernsaal gelangt man durch die mehr als sechs Meter hohen und fast vier Meter breiten, kunstvoll geschreinerten hölzernen Portale an den beiden Schmalseiten dieses Saals. 1581 hatte die Ausgestaltung des Prunkraums durch Künstler aus Florenz begonnen. An der Decke sollen 20 italienische Kunsthandwerker sieben Jahre lang geschnitzt haben.

Details wie diese Satyrmaske zeigen die unterschiedliche Farbigkeit der Hölzer an der Decke.

Das Geld für den Aufwand war ja da. Der Kupferkonzern der Fugger warf es reichlich ab. 1548 hatte die Fuggergesellschaft zum Beispiel einen Vertrag mit der Krone

Terrakottafiguren von Göttern und Cäsaren, von Kaisern und berühmten Frauen zieren den Saal.

Er ist es: Eine der Glasmalereien in den Fenstern des Zedernsaals zeigt ihn – Kaiser Karl V.

Portugals geschlossen. Die Fugger hatten sich dazu verpflichtet, von 1548 bis 1551 Fertig- und Halbfertigwaren aus Kupfer, Messing oder Bronze zu liefern – fast 7000 Zentner Messingringe, 24 000 Töpfe, 1800 breitrandige Näpfe, 4500 Barbierbecken und 10 500 Kochkessel für den Guineahandel waren Tauschware und „Primitivgeld" für den Sklavenhandel der Portugiesen in Westafrika.

Nicht zuletzt aufgrund derartiger Großgeschäfte konnte sich ein Fugger auch zwei der gefragtesten Künstler der Epoche leisten: Carlo Pallago und Hubert Gerhard – zwei Bildhauer aus Florenz – schufen bis 1585 die jeweils sechs männlichen und weiblichen Terrakottafiguren an den Wänden des Saals. Die überlebensgroßen Figuren verkörpern unter anderem Caesar und Kaiser Augustus, Kaiser Karl „den Großen", Karl V. und dessen Gemahlin Isabella von Portugal sowie weitere berühmte Frauen. Der gebürtige Niederländer Gerhard modellierte zudem die weißen Terrakottafiguren am Marmorkamin an der Ostwand: Sie stellen Vulkanus, den Gott der Schmiede, Mars und Venus sowie einige Eroten dar.

Nach einem Entwurf Hubert Gerhards entstand die Liegefigur Hans Fuggers in der Schlosskirche.

Das Fuggerschloss in Kirchheim hat man (wie das nahe Kloster Ottobeuren übrigens auch) immer wieder mal als „Schwäbischen Escorial" bezeichnet. Das ist dann doch eine leichte Übertreibung, zumal dem Fuggerschloss – ursprünglich als geschlossene Vierflügelanlage errichtet – 1852 der Nordflügel und die Nördhälfte des Westflügels durch Abbruch abhanden kamen. Sogar bei den Fuggern saß das Geld für die andernfalls notwendige Renovierung nicht mehr gar so locker wie 1551, als Anton Fugger, der Neffe Jakob Fuggers „des Reichen", die Herrschaft Kirchheim erwarb oder noch wie 1578, als Antons Sohn Hans Fugger das alte Schloss abreißen und an dessen Stelle das prachtvolle neue bauen ließ.

Wer kann, sollte auch den Schlosspark besuchen. Unter hohen Bäumen steht dort etwa ein nur wenig bekannter Wasserturm, der einst auch den Mars-Venus-Cupido-Brunnen versorgte, der heute im Bayerischen Nationalmuseum in München zu sehen ist. In der ehemaligen Schlosskirche St. Petrus und Paulus findet man die Liegefigur Hans Fuggers, ein Meisterwerk der Bildhauerkunst.

Das Martyrium der heiligen Agatha ist die wohl grausamste der Szenen, die in den Fresken der Marienkapelle in Tussenhausen dargestellt sind.

Glanzvolle Fresken im Stil des Rokokos zeigen Morde, Mörder und Märtyrer

In Tussenhausen wird gefoltert und hingerichtet, was das Zeug hält. Nicht „in echt", aber etwa in Fresken in der Kapelle Unserer Lieben Frau. Die Rokokomalereien sind teils nichts für schwache Nerven – zu grausam sind die dort dargestellten Martyrien.

Tussenhausen ist einer der Orte im Unterallgäu, durch welche die Naturparkgrenze mittendurch läuft. Doch wenn man schon mal da ist, sollte man (falls möglich) die Tussenhausener Kapelle Unserer Lieben Frau ein paar wenige Meter südwestlich dieser Grenze mitnichten auslassen. Die dortigen Fresken haben es in sich, und sie sind wahrlich nichts für zarte Gemüter, denn es wird gefoltert und gemetzelt. Im Deckenfresko von 1777 sieht man das Martyrium der heiligen Felicitas und ihrer sieben Söhne. An der Emporenbrüstung hat der Freskant die Martyrien der Heiligen Stephanus, Thekla

Das Epitaph eines Ritters an der Pfarrkirche erinnert auch an eine Burg auf dem Angelberg.

und Laurentius, Sebastian und (wohl) Vincenz dargestellt. Besonders grausam wirkt die Folter der heiligen Agatha, der die Brüste zerrissen werden. Agathabrot in Form von Brüsten gab man im Allgäu – als Mittel gegen Heimweh – Kindern zu essen und Rindern zu fressen.

In der im Kern mittelalterlichen Pfarrkirche St. Martin geht es etwas beschaulicher zu. Außen – beim einstigen Beinhaus an der Nordseite der Kirche – stößt man auf das Epitaph des Ulrich von Riedheim. Das Relief stellt den im Jahr 1500 verstorbenen Ritter in seinem Harnisch betend dar. Ein Vorfahre hatte um 1438 die Herrschaft Angelberg erworben. Die (bis auf ihren Brunnen verschwundene) Burg stand am nördlichen Ortsrand auf dem Angelberg: Der Hügel gehört noch zum Naturpark. Direkt auf der Grenze des Naturparks liegt der Tussenhausener Ortsteil Zaisertshofen. Dort wird in den 1770 gemalten Fresken des Pfarrhauses gemeuchelt. Johann Baptist Enderle hat hier die Ermordung Amnons ebenso dargestellt wie Salomes Tanz: Das abgeschlagene Haupt Johannes des Täufers wird ihr auf dem Tablett serviert.

Ein bisschen „gaga“: Das Türkheimer Ludwigstor wurde 1829 im Stil eines Triumphbogens erbaut.

Am Ludwigstor zu Wittelsbachern und zu Ludwig Aurbachers „Sieben Schwaben“

Der Naturpark Augsburg–Westliche Wälder endet in Richtung Süden im nordwestlichen Teil der Unterallgäuer Marktgemeinde Türkheim. Doch es lohnt sich, den Naturpark für wenige Schritte zu verlassen, um einen Residenzort voll mit Spuren der Wittelsbacher und das Geburtshaus Ludwigs Aurbachers, des Schöpfers der legendären „Sieben Schwaben“, zu besichtigen.

Wie schon Tussenhausen ist auch Türkheim ein Ort, der nur noch teilweise innerhalb der Grenzen des Naturparks Augsburg–Westliche Wälder liegt. Der südlichste Zipfel des Naturparks reicht bis in den nordwestlichen Teil der Unterallgäuer Marktgemeinde hinein. Deshalb an der unsichtbaren Naturpark-Grenze umzukehren, ist eher keine gute Idee. Denn nur ein paar Schritte weiter liegt die zentrale Maximilian-Philipp-Straße. Dort entdeckt man unter anderem das Geburtshaus des 1784 hier geborenen Schriftstellers Ludwig Aurbacher. Eine Gedenk-

An das Ludwigstor grenzen das Große Schloss und das Kleine Schloss der Wittelsbacher an.

inschrift und sein Porträt am Giebel verweisen darauf. Unter den sieben Fenstern kann man dort jeweils den Namen eines der „Sieben Schwaben“ (wie des „Seehas“, des „Knöpfleschwabs“ oder des „Gelbfüsslers“) lesen.

Das Ludwigstor und zwei Schlösser der Wittelsbacher liegen wenige Schritte südlich des „Sieben-Schwaben-Hauses“. Das Ludwigstor bildet dort kaum übersehbar den Abschluss der Maximilian-Philipp-Straße. An diesem für diesen kleinen Residenzort leicht überdimensioniert wirkenden, im Stil eines Triumphbogens errichteten Tor deuten beiderseits je zwei umkränzte Kronen, darunter jeweils ein stilisiertes „L“, den Grund für die Entstehung des Bauwerks an: König Ludwig I. von Bayern weilte zu Besuch. Residenzort war Türkheim als Verwaltungssitz der Herrschaft Schwabegg geworden. Das 1532 erbaute Große Schloss war später zeitweise die Residenz von Herzog Maximilian Philipp. Das Kleine Schloss, der „Frauenbau“, wurde 1695 für seine Gemahlin errichtet. Malereien am und beim Schloss (Wappen, Inschriften und ein Doppelporträt) erinnern an die Wittelsbacher.

Im Naturpark westlich von Augsburg

Barockorgel, Leonhardsnagel und Glasperlenaltar, Ritter und Schlösser

Allerheiligen
Bieselbach
Burtenbach
Dinkelscherben
Gabelbach
Gabelbachergreut
Hainhofen
Horgau
Jettingen-Scheppach
Maria Vesperbild
Ried
Rommelsried
Seyfriedsberg
Steinekirch
Ustersbach
Zusmarshausen

Im Mittelalter gehörte Hainhofen dem Bischof in Augsburg. Damals schuf ein Maler weit und breit einzigartige gotische Wandfresken.

Der Hainhofer Passionszyklus: die ältesten Wandmalereien im Landkreis Augsburg

Fast direkt an der östlichen Grenze des Naturparks entlang des Flüssches Schmutter liegt das Dorf Hainhofen. Dort birgt die Pfarrkirche St. Stephan uralte gotische Wandmalereien.

Westlich der Großstadt Augsburg beginnt der Naturpark Augsburg–Westliche Wälder (zum Beispiel) an der Schmutterbrücke in Hainhofen, einem ländlichen Stadtteil von Neusäß. Dort ist der Turm der Pfarrkirche St. Stephan bald in Sichtweite. Das romanische Untergeschoss dieser ehemaligen Chorturmkirche – heute die Sakristei – birgt einen Kulturschatz: den Hainhofener Passionszyklus. Die gotischen Wandmalereien entstanden im 14. Jahrhundert. Sie sind die ältesten im Landkreis Augsburg und zeigen die Leidensgeschichte Christi und seine Auferstehung. Seitlich entdeckt man die Bistumsheiligen St. Ulrich und Afra (nur mit Führung zu sehen).

Das Schloss in Hainhofen ist privat bewohnt und kann nur von außen besichtigt werden. Es gehörte einem Fugger, der (auch) daran pleite ging.

Ein Pleite-Fugger und zwei Schlösser

Die Schlösser in Hainhofen und Aystetten erinnern an den Pleitier aus dem Hause Fugger

Der äußerste Westen des Naturparks fängt gleich mal mit drei Schlössern an – den Schlössern der Familie von Stetten im Neusäßer Ortsteil Hammel und in Aystetten – sowie dem in Hainhofen. Reiche Augsburger Patrizier sicherten sich gern Landbesitz und Herrschaftsrechte in den Dörfern im Westen Augsburgs, die dort auch oft dem Hochstift oder Augsburger Klöstern gehörten. Mit den Schlössern in Hainhofen und in Aystetten verbindet sich die Geschichte eines reichen Fugger, der sich mit dem Kauf der dortigen Herrschaften übernahm und daran pleite ging. Um 1580 hatte Anton Fugger d.J. versucht, sich westlich von Augsburg einen Besitzkomplex aufzubauen, zu dem auch die zwei Schlösser in Hainhofen und Aystetten gehörten. Als er jedoch seine Schulden nicht bezahlen konnte, saß er fünf Jahre lang im Augsburger Rathaus in Schuldhaft. Später wanderte der Pleite-Fugger dann nach Schwäbisch-Gmünd aus, wo es deshalb auch eine Fuggerei gibt. Am Schloss in Hainhofen sieht man heute das Wappen späterer Schlossherren, der Familie von Rehlingen. Die drei genannten Schlösser sind jeweils von außen zu besichtigen.

In der Pfarrkirche von Rommelsried stellt eine gotische Schnitzerei die heilige Ursula mit Jungfrauen, einem Kardinal und einem Bischof dar.

11 000 gemeuchelte Jungfrauen: blutige Legende um Hunnen und Ursulas Schiff

Der Weg in die Rommelsrieder Pfarrkirche St. Ursula lohnt sich allein schon wegen einer besonders reizvollen Schnitzgruppe von 1510/20. In einem Schiff segeln die heilige Ursula und mit ihr vier Frauen, die an 11 000 abgeschlachtete Jungfrauen erinnern.

Die Pfarrkirche, der Pfarrhof und Bauernhäuser bilden in Rommelsried ein denkmalgeschütztes Ensemble. Der Blick in die barocke Kirche lohnt wie in vielen Dörfern Schwabens. In der Kirche St. Ursula und Gefährtinnen stößt man auf eine weit und breit einzigartige gotische Schnitzgruppe: ein Schiff mit goldenem Rumpf, in dem die Königstochter Ursula segelt. Ein Kardinal, ein Bischof und vier Jungfrauen begleiten sie. Diese Vier und insgesamt 11 000 Jungfrauen seien – so die Heiligenlegende – mit Ursula in Köln von den Hunnen gemeuchelt worden. Merke: Der Naturpark ist viel bekömmlicher als Köln.

Singulär für das bayerische Schwaben, vielleicht sogar für ganz Deutschland – ein Glasperlenaltar.

Vielleicht deutschlandweit einmalig: der Glasperlenaltar in der Heilig-Grab-Kapelle

„… in seiner Art wohl einmalig in Bayerisch-Schwaben“ sei der Altar der Heilig-Grab-Kapelle bei Rommelsried – so ein Kunstführer. Denn dieser Altar wurde mit hunderten Perlen aus böhmischem Glas verziert: Das ist weit und breit einzigartig.

Der Weg am südlichen Ortsende von Rommelsried in Richtung Deubach führt an einer Marienkapelle und an einem Kalvarienberg vorbei zur Heilig-Grab-Kapelle. Die Kapelle enthält einen vielleicht sogar deutschlandweit einmaligen Altar: Er wurde mit hunderten böhmischer Glasperlen verziert. Eine Firma aus Olmütz (Mähren) hat diesen Altar 1871 gefertigt. Im bühnenartigen Aufbau zeigt eine Nische den Leichnam Jesu Christi. Darüber erhebt sich ein Kreuz mit Strahlenkranz, daneben sieht man zwei anbetende Engel. Zwei Wächter stehen seitlich. Das Kunstwerk ist durch ein Fensterchen in der Tür gut zu erkennen (Infos zu Führungen beim Eingang).

Im Wald bei Horgau stößt man auf Relikte einer Flugzeugproduktion. KZ-Häftlinge bauten in der „Blechschmiede" bis 1945 Teile von Jagdbombern.

Die „NS-Blechschmiede": Beton erinnert an KZ-Häftlinge, Flugzeugbau und Krieg

Noch kurz vor Ende des Zweiten Weltkriegs mussten Zwangsarbeiter aus dem KZ Dachau im Wald bei Horgau für den „Endsieg" schuften. Heute bilden die Relikte der „NS-Blechschmiede" ein Bodendenkmal, das an die Hybris des Nazi-Regimes erinnert.

Die „NS-Blechschmiede Horgau" findet man ein paar Schritte neben der Staatsstraße 2032 unweit vom ehemaligen Horgauer Bahnhof. Im Wald bei Horgau lag bis 1945 ein Außenlager des Konzentrationslagers Dachau. Bis kurz vor Kriegsende mussten hier KZ-Häftlinge Tragflächen für bei Messerschmitt in Augsburg hergestellte Jagdbomber fertigen. Überreste der Gebäude im Waldstück „Bretterstelle" hat man hier freigelegt. Massive Betonfundamente und weitere Relikte sind nunmehr ein geschütztes Bodendenkmal. Eine Informationstafel am Waldrand erklärt die Bedeutung und Lage der Bauten.

An den „Schwarzen Reiter" erinnern eine Hotelfassade in Horgau und eine Gedenktafel im Wald.

Die Sage vom „Schwarzen Reiter": im Forst – und an einer Hotelfassade

Im Wald östlich von Horgau erinnert eine Gedenktafel an die Sage vom „Schwarzen Reiter". Wem der Weg in den Forst zu weit ist, findet diesen Husaren auch an einer Hotelfassade.

Im Wald nahe Horgau führt der rund drei Kilometer lange „Schwarzer-Reiter-Rundwanderweg" zu einer Gedenktafel. Sie zeigt einen Husaren hoch zu Ross. Die Inschrift überliefert eine „Räuberpistole": Georg Johann Platzer hatte König Friedrich II. von Preußen gedient. Als er 1763 nach dem Siebenjährigen Krieg verabschiedet wurde, ritt er ins heimatliche Stoffenried zurück. Im Rauhen Forst verirrte sich der Husar: Dort stieß er auf eine Räuberbande, deren Hauptmann er gefangennahm. Danach wies ihm die Horgauer Kirchenglocke den Weg aus dem Wald. Der reich belohnte Held heiratete später eine Wirtstochter und erwarb eine Horgauer Taverne, den Vorgängerbau des Hotels „Zum Schwarzen Reiter".

Die Schlacht bei Zusmarshausen – und davor das Dorf Horgau in Flammen – zeigt (sehr versteckt) eine Malerei am Hauptaltar der Horgauer Kirche.

In der Horgauer Kirche – Spuren der Rehlinger und des Dreißigjährigen Kriegs

Als Patronatskirche der reichen Patrizierfamilie von Rehlingen fiel die Ausstattung der Horgauer Kirche St. Martin naturgemäß etwas üppiger aus, als man das von einem Sakralbau auf dem Dorf erwarten dürfte. Das Innere ist nicht nur wegen seiner Pracht sehenswert. Eine Malerei erinnert auch daran, dass der Herrschaftsort der Rehlinger im Dreißigjährigen Krieg brannte.

Damals hatten die Horgauer doch ziemlich großes Pech. Ausgerechnet nach der letzten großen Schlacht des Dreißigjährigen Krieges, der Schlacht bei Zusmarshausen am 17. Mai 1648 – also letztlich nur wenige Monate vor der Unterzeichnung des Westfälischen Friedens am 24. Oktober 1648 –, brannte nämlich auch ihr Dorf. Das zeigt das Mittelbild am Hochaltar der Horgauer Pfarrkirche St. Martin. Dort ist unter der „Regina coeli" – der Himmelskönigin – die Schlacht im nahen Zusmarshausen

Das Wappen der Ortsherren von Rehlingen sieht man am Chorbogen der Horgauer Kirche.

dargestellt, davor das brennende Horgau. Für Besucher der Kirche ist dieses Motiv freilich kaum wahrnehmbar. Wer mehr zum Gemetzel erfahren will, findet an einem Feld an der Straße nach Dinkelscherben westlich von Horgau eine große Informationstafel zur Schlacht bei Zusmarshausen. Die anschließenden Rückzugsgefechte endeten erst an der Schmutter in Hainhofen.

Beides war wohl auch großes Pech für die Rehlinger, die sowohl in Horgau als auch in Hainhofen die Ortsherren waren und die da wie dort ein Herrschaftsschloss besaßen. Die in Augsburg, aber auch in Nürnberg und Ulm ansässige Patrizierfamilie spielte zeitweilig durchaus in einer Liga mit den Fuggern und den Welsern.
In Augsburg nahm die dort seit 1302 belegte Familie politisch über Generationen eine eher wichtigere Rolle als die neureichen Fugger ein und stellte jahrhundertelang immer wieder Augsburger Stadtpfleger. Der Reichtum der Rehlinger basierte auf ihren Fernhandels- und Finanzgeschäften zwischen Venedig und Antwerpen, Frankfurt und Danzig. Selbst Kupfer aus Neusohl in der

Ein Fresko im Chor von St. Martin zeigt den Heiligen, der seinen Mantel mit dem Bettler teilt.

Slowakei war eines ihrer Geschäftsfelder. Die Geschäfte reichten bis nach London, und selbst an der Ostindien- wie an der Westindien-Kompanie der Niederländer waren Rehlinger beteiligt. Dass diese Familie nicht eben am Hungertuch nagte, sieht man ihrer Patronatskirche durchaus an. Die Wappen von Horgauer und Hainhofer Rehlingern sieht man im Stuck am Chorbogen, an einem Epitaph und (etwas schwer zu finden) sogar am Altar.

Das Patronatsrecht dieser Kirche lag ursprünglich beim Bischof von Augsburg, ehe dann die Rehlinger Ende des 15. Jahrhunderts die Ortsherrschaft übernahmen. Eine Reminiszenz an die Bischöfe von Augsburg könnte eine der beiden Seitenfiguren auf den Durchgängen neben dem Hochaltar sein. Die eine stellt den Bistumspatron St. Ulrich dar. Die zweite verkörpert den Kirchenpatron St. Martin. Diesen Heiligen sieht man außerdem in den Fresken: Das Hauptbild im Chor zeigt St. Martin und die Mantellegende. Auch die Bildfelder im Langhaus stellen Szenen aus der Heiligenlegende dar. Genau hinschauen: St. Martin lässt dort sogar den Gott Bacchus stürzen.

Den dreiteiligen Bieselbacher Schnitzaltar entdeckt man in einer Dorfkapelle am Straßenrand.

Der gotische Bieselbacher Schnitzaltar: ein Denkmal des „Ulmer Götzentags"?

Der sogenannte Bieselbacher Schnitzaltar ist ein Meisterwerk der Ulmer Schule. Ursprünglich stand der dreiflügelige Altar wohl im Ulmer Münster, ab 1531 in der Kapelle des Horgauer Schlosses. Von dort kam dieser spätgotische Kunstschatz in die Dorfkapelle in Bieselbach – wohl, als Gotik aus der Mode kam.

Der Bieselbacher Schnitzaltar ist (so ein Denkmalführer) ein „hochbedeutendes" Werk. Wohl wahr. In der kleinen Dorfkapelle in Bieselbach wird man ein solches Meisterwerk nicht zwingend erwarten. Die Erklärung dafür ist: Der gotische Altar stand zuvor im 1813 abgebrochenen Horgauer Schloss der Ortsherren, derer von Rehlingen. Der 1510 aus Lindenholz geschnitzte dreiteilige Flügelaltar des Bildhauers Daniel Mauch ist das einzige Hauptwerk dieses Vertreters der spätgotischen Ulmer Schule, das ihm sicher zugeordnet werden kann. Wie aber kam das kostbare Schnitzwerk überhaupt nach Horgau? Das

Das Rehlingen-Wappen am Schnitzaltar erinnert an den Ulmer Zweig dieser Patrizierfamilie, die auch in Augsburg und Nürnberg vertreten war.

verraten die Kunst- und Denkmalführer nicht – wohl deshalb, weil die Schriftquellen diese Information ganz einfach nicht hergeben. Man darf also spekulieren, dass sich mit diesem Kunstschatz in der kleinen Dorfkapelle eines der – in Sachen Kunst – unglücklichsten Kapitel in der Geschichte Schwabens verbindet. Denn vermutlich kam dieser Schnitzaltar nach dem „Ulmer Götzentag“ von 1531 nach Horgau: Bilderstürmer hatten das Ulmer Münster von Sakralkunst „gereinigt“. Zahlreiche Kunstwerke – darunter 60 Altäre – verschwanden. Da der Rat von Ulm allen Stifterfamilien zuvor erlaubt hatte, ihre Altäre abzubauen, tauchten diese Schnitzwerke wieder in Kirchen um Ulm auf. So geriet wohl der von Ulmer Rehlingern bezahlte Schnitzaltar Mauchs ins Horgauer Schloss. Für die 1747 entstandene Kapelle in Bieselbach wurde der Altar vom Schlossherrn später allergnädigst an seine „Dörfler“ abgegeben. Denn die gotische Kunst war längst völlig aus der Mode: In Adelskreisen gönnte man sich damals Rokoko. (Die Bieselbacher Kapelle wird an Samstagen und Sonntagen nachmittags geöffnet.)

Im Schloss in Zusmarshausen saß vormals ein Pflegamt des Hochstiftes Augsburg.

Schloss und Posthalterei: zwei Bauwerke belegen die zentrale Lage dieses Ortes

Die im Postkutschenzeitalter verkehrsgünstige Lage sieht man Zusmarshausen am Schlossplatz an. Das Schloss und die frühere Posthalterei prägen das nahezu urbane Ortszentrum bis heute.

Zusmarshausen liegt an der Straße zwischen Augsburg und der Donau – rund 50 Kilometer entfernt von Ulm und etwa 25 Kilometer von Augsburg. Die Bedeutung dieser insbesondere im Postkutschenzeitalter (bei einer Reisegeschwindigkeit von etwa 25 Kilometern am Tag) idealen Lage sieht man der Marktgemeinde bis heute an. Das Ortszentrum am Schlossplatz wirkt durchaus stadtähnlich. Der stattliche Komplex einer Posthalterei (bis heute ein Hotel) liegt nur ein paar Schritte vom Schloss entfernt, das einst das Pflegamt des Hochstiftes Augsburg beherbergte (heute ein Forstamt). Seine Lage brachte dem Ort nicht nur Glück: 1648 brannte er nach der letzten großen Schlacht im Dreißigjährigen Krieg.

Musizierende Engel und Putti zieren die Kirchenorgel in Gabelbach. Dieses Instrument gilt als die älteste Barockorgel Süddeutschlands

Zur ältesten Barockorgel Süddeutschlands: in der Gabelbacher Kirche ist „Musik drin"

Die Gabelbacher Kirche St. Martin ist einer jener Sakralbauten im Naturpark Augsburg–Westliche Wälder, die man nach Möglichkeit besichtigt haben sollte. In dieser Kirche ist buchstäblich „Musik drin": Denn man entdeckt hier die wohl älteste Barockorgel Süddeutschlands, mit der sich sogar noch ein Hauch von Leopold und Wolfgang Amadé Mozart verbindet. An der Orgelempore reitet der „Blaue Kurfürst" in den Großen Türkenkrieg.

Mit ihrem schlanken und 36 Meter hohen Turm ist die bis 1738 großteils erneuerte Kirche St. Martin in Gabelbach auch äußerlich recht ansehnlich. Doch die Pracht im Inneren der Dorfkirche wäre kaum nachvollziehbar, wüsste man nicht, dass der Ort bis 1803 im Besitz des Augsburger Heilig-Geist-Spitals war. Jedenfalls fiel diese nach den Plänen des Baumeisters Joseph Dossenberger ausgebaute Dorfkirche schon von außen betrachtet

Ein Fresko an der Empore zeigt Max II. Emanuel im 1683 ausgebrochenen Großen Türkenkrieg. Diesen Wittelsbacher nannte man wegen seines blauen Waffenrocks den „Blauen Kurfürsten".

recht beeindruckend aus. Erst recht überrascht der erste Blick in den hohen Kirchenraum, der dort nicht nur mit seinen Fresken einiges an Geschichte und Geschichten erzählt.

Zunächst einmal ist die Pfarrkirche St. Martin allerdings für Freunde des Orgelspiels und für Kenner des Musikinstrumentenbaus ein ganz besonderer Ort. Denn hier steht die älteste Barockorgel des Bistums Augsburg und wohl auch ganz Süddeutschlands. Sie entstand 1609 und ist ein Werk des Augsburger Orgelbauers Marx Günzer, gebaut für die Barfüßerkirche der dortigen Franziskaner. Diese Orgel war bereits im Jahr 1755 durch ein Inserat im „Augsburger Intelligenz-Zettel" zum Kauf angeboten worden – zunächst aber wohl wie Sauerbier: Denn erst 1758 erwarb der Pfarrer von Gabelbach das heute weit und breit einzigartige Instrument. Bevor die Orgel dort aufgestellt wurde, hat sie der berühmte Augsburger Musikinstrumentenbauer Johann Andreas Stein (er war mit Leopold und Wolfgang Amadé Mozart befreundet) ergänzt und intoniert.

Was diese Kirche außerdem sehenswert macht, sind der reiche Stuck und die Fresken im Langhaus. Ein Fresko an der Orgelempore zeigt Max II. Emanuel, den „Blauen Kurfürsten", im Kampf gegen die Türken. Im christlichen Europa galt der Wittelsbacher als Held: Denn er war 1683 höchstpersönlich in die Schlacht geritten, um das belagerte Wien zu befreien.

Andere Fresken in der Kirche St. Martin erinnern dort an eine sogenannte Gürtelbruderschaft. 1692 hatte ein Gabelbacher Pfarrer diese Bruderschaft in seiner Pfarrgemeinde gegründet. Mehrere Motive zeigen die Kraft des Gürtels Mariens. Ein Fresko stellt einen Mönch dar, der ein in einen Brunnen gefallenes Kind an seinem Gürtel herauszieht und rettet. Zwei weitere Fresken zeigen, wie der Gürtel einen Säbelstich und selbst eine Pistolenkugel abwehrt. Und eine vom Teufel in Drachengestalt versuchte Nonne vertreibt durch die Wirkung des Gürtels sogar den Satan.

Farbenfrohe Fresken in den von Stuck gerahmten Kartuschen zieren das Deckengewölbe der prunkvoll ausgestatteten Gabelbacher Martinskirche.

Im Vorzeichen, dem Vorbau am Kirchenportal der Leonhardskirche in Gabelbachergreut, erinnert ein Leonhardsnagel an den Schutzpatron des Viehs.

Schwerer Brocken beim Leonhardiritt

Der Leonhardsnagel von Gabelbachergreut: ein „obszönes" Objekt beim Leonhardiritt

Der auf dem Land so stark verehrte St. Leonhard galt wegen seiner Attribute, der Ketten, als Patron der Gefangenen, aber auch des Viehs und der Rösser. Für die Bauern gab es kaum Wichtigeres. Diese Bedeutung spiegelt das Patrozinium der Kirche St. Leonhard in Gabelbachergreut wider. Im Hauptmotiv des Deckengemäldes aus den 1930ern schwebt der Heilige im Gewölk über der dort abgebildeten Dorfkirche und über Gefangenen im Kerker. Auch an einem Seitenaltar ist Leonhard zu finden. Ein sogenannter Leonhardsnagel im Vorzeichen der Kirche ist an den Sonntagen zugänglich. Dieses Objekt wurde aus Eisenketten geschmiedet, die Wallfahrer mitgebracht hatten. Wegen ihrer phallusartigen Form galten Leonhardsnägel als Fruchtbarkeitssymbole: In Kirchen waren sie zeitweise als „obszön" verboten. Bauernburschen zeigten ihre Kraft und Potenz, wenn sie den Leonhardsnagel anheben konnten. In Gabelbachergreut hat man den Leonhardiritt (jeweils an einem Sonntag Ende Oktober) wieder aufleben lassen. Der Leonhardsnagel wird auf einem Wagen mitgeführt.

„Steiler Zahn": Das wohl bekannteste Exponat im „Heimatmuseum Reischenau" ist der Stoßzahn eines Mammuts, gefunden in Dinkelscherben.

Im Zehentstadel von Dinkelscherben: das Museum mit dem Mammutzahn

Ein in Dinkelscherben gefundener Mammutzahn ist das wohl bekannteste Exponat im „Heimatmuseum Reischenau". Auch das Museum selbst ist ein „steiler Zahn": Betreut wird es vom „Verein für Geschichte, Kultur- und Heimatpflege Reischenau".

Der Zehentstadel ist ein Baudenkmal im Ortszentrum von Dinkelscherben. Das dortige Museum beherbergt mehrere Sammlungen – im Untergeschoss Exponate aus der Vor- und Frühgeschichte der Reischenau und zur Geschichte der Burg Zusameck. Der im Gemeindegebiet gefundene Mammutstoßzahn ist das Prunkstück dieser Sammlung. Die Scherer-Galerie im Obergeschoss zeigt Exponate aus dem Nachlass einer Ettelrieder Künstlerfamilie: Joseph Scherer gilt als einer der bedeutendsten Glasmaler des 19. Jahrhunderts. Im Dachgeschoss sieht man bäuerliche Alltagskultur und Kunst aus der Region.

Die Burgkapelle ist der einzige erhaltene Bau der teilrekonstruierten Burgruine hoch über dem Ort.

Die Relikte der Burg Zusameck – und der weite Blick über die Reischenau

Allzu viel Burg steht auf dem Hügel etliche zehn Meter hoch über Dinkelscherben zwar nicht mehr. Der kommode Aufstieg zum Burgplatz lohnt sich trotzdem. Die Mauerreste lassen die Anlage dieser Burg noch erahnen, und die Aussicht über Dinkelscherben und auf die Reischenau reicht von dort oben weit.

Viel Geschichte rankt sich um Burg Zusameck. Schon in der Steinzeit, auch in der Zeit der Kelten und erst recht im Mittelalter wurde hier gehaust. 1388 wurde die Burg im „Städtekrieg" von Truppen der Reichsstadt Augsburg zerstört. Die wiederaufgebaute Burg diente ab 1540 als Gefängnis. Doch 1812 wurden die Bauten abgetragen. Erhalten blieb nur die ehemalige Burgkapelle Heilig Kreuz. Auch hier wurde der „Heimatverein Reischenau" aktiv: Er rekonstruierte und renovierte. Aufmauerungen zeigen die Lage der Hauptburg. Den vormals 65 Meter tiefen Burgbrunnen der Vorburg hat man rekonstruiert.

Brauchtum im Naturpark

Der Schäfflertanz von Dinkelscherben ist ein „Exportschlager": Getanzt wird nämlich auch andernorts, etwa im nahen Ustersbach.

Brauchtum, von München nach Dinkelscherben: der Schäfflertanz findet alle sieben Jahre statt

Der Leonhardiritt in Gabelbachergreut ist – neben den weiter verbreiteten Bräuchen wie dem fast überall gepflegten Maibaumaufstellen (und Maibaumstehlen), Laternenumzügen am St.-Martins-Tag und Faschingsumzügen wie denen in Deubach und Zusmarshausen – einer der spezielleren Bräuche im Naturpark. Ebenfalls eher ungewöhnlich ist der Pfingstbrauch des sogenannten Wasservogellaufens: Dieser Heischebrauch wird heute noch in Altenmünster, im dortigen Ortsteil Hennhofen sowie in Leitershofen ausgeübt.

Ein in der Region einzigartiger Brauch aber ist – seit 1893 – der Schäfflertanz in Dinkelscherben. Der findet nur alle sieben Jahre – in der Faschingszeit – statt. Der Schäfflertanz in der Reischenau ist nach dem prominenten Vorbild des Münchener Schäfflertanzes entstanden. Mitmachen dürfen allein ledige Dinkelscherbener Männer ab dem Alter von 18 Jahren. Der Schäfflertanz ist ein „Exportschlager": Denn aufgeführt wird er auch anderswo in der Reischenau und sogar in Augsburg.

Der (in Teilen erhaltene) massige Bergfried der Burg Wolfsberg entstand im 12. Jahrhundert.

Die Burgruine Wolfsberg: ein Denkmal der Wittelsbacher und des Banausentums

Die Burgruine Wolfsberg bei Steinekirch ist schon allein deshalb bemerkenswert, weil sie die wohl besterhaltene Burgruine im Landkreis Augsburg ist. Was ebenso bemerkenswert ist: Die Burg Wolfsberg gehörte auch mal den Herzögen von Bayern, also den Wittelsbachern. Massiv zerstört haben sie bayerische Bürokraten.

Für die Burgruine Wolfsberg gilt: einmal Bayern und zurück. Denn die einst trutzige Burg über Steinekirch hatte (nach früheren Besitzern) um 1390 schon mal den Herzögen aus dem Hause Wittelsbach – und somit zu Bayern – gehört. Durch die Säkularisation kam die Burg erneut an Bayern. Bayerische Bürokraten erwiesen sich dann als Banausen: Der Bergfried wurde 1852 beim Bau der Eisenbahnstrecke Augsburg–Ulm als Steinbruch genutzt. Die massigen Mauern sind dennoch teilweise elf Meter hoch erhalten. Wo aber vormals die Hauptburg aufragte, steht nun ein landwirtschaftliches Anwesen.

Das Sühnedenkmal für den erschlagenen Ritter Burkhart von Schellenberg zeigt einen knienden Ritter vor dem Kreuz, Maria und Johannes.

Das Sühnedenkmal für den Ritter, der bei seinem Hochzeitszug ermordet wurde

Ein Rotmarmorepitaph am östlichen Ortsrand von Ustersbach steht wohl nahe der Stelle, an der sich 1408 ein gräulicher Mord ereignete. Das Opfer war ein Ritter bei seinem Hochzeitszug.

Kurz nach der östlichen Ortseinfahrt steht in Ustersbach in einer Seitenstraße ein Rotmarmorepitaph in einem Schutzbau. Die Inschrift des mittelalterlichen Sühnedenkmals verrät, dass der Ritter Burkhart von Schellenberg hier getötet wurde. Am 19. November des Jahres 1408 war der Ritter mit seiner Braut, einer Tochter des Augsburger Bürgermeisters Peter von Argon, auf dem Weg nach Seyfriedsberg, als von den Wittelsbachern aufgehetzte Landsberger Reiter die Hochzeitsgesellschaft überfielen: Ein Pfeil tötete den Bräutigam. Die Braut wurde entführt. Aufgestellt wurde das Sühnedenkmal um 1410, als die Fehde mit den Herzögen von Bayern endete.

Bei Ried erinnert ein Gedenkreuz am Straßenrand an den Deutschen Bauernkrieg und an eine Schlacht in der Reischenau im Mai 1525.

Der Bauernkrieg in der Reischenau

Das Schwarze Kreuz bei Ried erinnert an die Toten des Bauernkriegs in der Reischenau

Von 1524 bis 1526 tobte der sogenannte Deutsche Bauernkrieg: Es war die „Revolution des gemeinen Mannes" gegen ein ungerechtes feudales Gesellschaftssystem. 1525 erreichte der Aufstand auch die Landschaft um Augsburg. Dort hatten die Bauern das Zisterzienserinnenkloster Oberschönenfeld bei Gessertshausen geplündert, der Konvent floh in die nahe Reichsstadt. Am 30. Mai 1525 wurde ein größerer Bauernhaufen in der nahen Reischenau (zu dem Bauern aus dem Zusamtal gehört hatten) niedergemetzelt – das übrigens mit finanzieller Unterstützung Jakob Fuggers in Augsburg. Das Schwarze Kreuz kurz vor dem nördlichen Ortsrand von Ried, einem Ortsteil von Dinkelscherben, steht an der Bundesstraße 300: Ohne Inschrift erinnert es an die im Bauernkrieg abgeschlachteten oder später hingerichteten Bauern. Es ist ein unscheinbares, meist unbeachtetes Denkmal. Immerhin ist es da. Die Nutznießer der damaligen Feudalgesellschaft (respektive ihre Nachkommen) zeigten an größeren Denkmälern zum Bauernkrieg (bisher?) kein Interesse. Deutschlandweit starben etwa 70 000 Bauern, und viele wurden grausam verstümmelt.

Die Wallfahrtskirche Maria Vesperbild ist heute eines der bekannteren Ziele am östlichen Rand des Landkreises Günzburg.

Ein Wallfahrtsziel mit großer Resonanz bei Adel und Medien – Maria Vesperbild

Die Wallfahrtskirche Maria Vesperbild ist allein schon wegen ihrer landschaftsbeherrschenden Lage kaum zu übersehen. Bekannt ist diese Kirche im Ziemetshausener Ortsteil aber auch, weil die Medien des Öfteren auf sie aufmerksam machen.

Aus einem Vesperbild, das der Oberstjägermeister der Grafschaft Burgau 1650 in einer Feldkapelle unter einer Linde aufgestellt hatte, entwickelte sich die Wallfahrt nach Maria Vesperbild. Das Gnadenbild, eine gefasste hölzerne Pietà, sieht man am Hochaltar. Der Sakralbau entstand 1754/55 anstelle einer Vorgängerkirche. Die neoromanische Ausstattung der ab 1867 renovierten Kirche erneuerte man um 1960 im Stil des Neorokokos. Wegen seiner großen Beliebtheit beim Adel und vieler Medienberichte über die dortigen Fahrzeugsegnungen macht Maria Vesperbild des Öfteren Schlagzeilen.

Schloss Seyfriedsberg ist nur von außen zu besichtigen: Der Schlosspark ist jedoch zugänglich.

Um Schloss Seyfriedsberg – eine Büste und exotische Baumriesen im Schlosspark

Das unter den Oettingen-Wallerstein romantisierend gestaltete Schloss Seyfriedsberg kann nur von außen besichtigt werden. Im Schlosspark aber wandelt man unter hohen exotischen Bäumen.

Schloss Seyfriedsberg liegt etwa zweieinhalb Kilometer östlich des Ortszentrums von Ziemetshausen: Die Marktgemeinde war einst „nur“ der Hauptort der Herrschaft Seyfriedsberg. Mit ihr verbinden sich große Namen: die der Habsburger und der Burgauer Markgrafen. Auch die Fugger hatten die Herrschaft schon mal als Pfandbesitz. Die heutige Anlage stammt wesentlich aus dem 18. und 19. Jahrhundert – aus der Ära der Grafen und Fürsten zu Oettingen-Wallerstein. Besichtigen kann man dieses „mittelschwäbische Neuschwanstein“ innen nicht, aber der Weg in den Schlosspark lohnt. Prinz Karl Anselm zu Oettingen-Wallerstein ließ ihn 1848 mit etlichen Exoten anlegen. Im Park verkörpert ihn eine Denkmalbüste.

In der Burtenbacher Kirche sieht man Sebastian Schertlin von Burtenbach und seine Söhne im Gebet. Ein Betbruder war er aber wahrlich nicht.

Schertlin von Burtenbach: Luthers liebster Haudegen plünderte sogar in Rom

Sogar am „Sacco di Roma" war er beteiligt: Der Landsknechtsführer Sebastian Schertlin von Burtenbach war sicher eine der schillerndsten Figuren in der Stadtgeschichte Augsburgs – und in der Geschichte der Reformation. Martin Luther war von dem Haudegen jedenfalls angetan. Die Kirche im Zentrum der Marktgemeinde Burtenbach ist ein Panoptikum des Glaubensstreits.

Noch weiter westlich von Augsburg geht es im Naturpark Augsburg–Westliche Wälder nicht: Rund 45 Kilometer entfernt liegt Burtenbach am Flüsschen Mindel. Dort führte der Besitzer der Herrschaft Burtenbach, der Landsknechtsführer Schertlin von Burtenbach, 1546 die Reformation ein. Er war eine der wohl schillerndsten Figuren einer an schillernden Figuren reichen Zeit: ein Haudrauf und ein Glaubenskrieger ganz nach Luthers Geschmack. Lohnt sich deshalb der Weg in die Markt-

Das Epitaph des Ritters Schertlin von Burtenbach zeigt ihn betend – im Harnisch und mit Schwert.

gemeinde, wo sich der berühmteste Sohn dieses Ortes in der evangelisch-lutherischen Johanneskirche verewigen ließ? Er lohnt sich sehr. Die 1560/62 erneuerte Pfarrkirche (sie hieß noch bis 1980 St. Anna) steht direkt neben dem (barockisierten) Schertlinschloss. Im Chor entdeckt man die Epitaphe der Schertlin. An der Nordwand des Chors sieht man – im Stil der Renaissance und in Lebensgröße – das Grabmal des 1577 verstorbenen Sebastian Schertlin von Burtenbach, daneben Epitaphe seiner Söhne. Auf dem Altarblatt hat sich der Burtenbacher mit seinen Söhnen im Gebet abbilden lassen.

Doch ein Betbruder war Schertlin von Burtenbach nicht, im Gegenteil. War irgendwo in Europa Krieg, war er dabei. Für seine Verdienste im Kampf gegen die Osmanen schlug ihn der Kaiser zum Ritter. Bei der Eroberung und Plünderung Roms durch ein Heer des Kaisers, dem „Sacco di Roma" im Jahr 1527, war Schertlin mittendrin. 1546 zog er als Feldhauptmann der Reichsstadt Augsburg in den Schmalkaldischen Krieg – gegen Kaiser Karl V. Als das schiefging, heuerte er beim König von Frankreich an.

Der Widerstandskämpfer Claus Schenk Graf von Stauffenberg kam auf Schloss Jettingen zur Welt.

Die Herren von Stain ganz aus Stein – und das Geburtsschloss des Hitler-Attentäters

An den Herren von Stain kommt man in Jettingen-Scheppach nicht vorbei: In der Jettinger Kirche St. Martin sieht man etliche dieser Ritter – in Stein gemeißelt, auf sehenswerten Epitaphen aus dem 15. und 16. Jahrhundert. Mit dem 1480 unter Hans von Stain errichteten Schloss verbindet sich ein großer Name der deutschen Geschichte: Dort wurde 1907 der Widerstandskämpfer Claus Philipp Maria Schenk Graf von Stauffenberg geboren.

Das Schloss in Jettingen – das sich ab 1748 mit dem Namen Stauffenberg verbinden sollte – ließ 1480 Hans von Stain ursprünglich als Wasserschloss errichten. 1469 hatte Hilpold von Knöringen die Herrschaft Jettingen an Hans von Stain verkaufen müssen. Der Marktort, der über 200 Jahre im Besitz der Familie gewesen war, war zu haben, weil die von Knöringen (buchstäblich) „abgebrannt“ waren. Jettingens Ortsherren hatten sich in den sogenannten Fürstenkrieg (1459 bis 1463) gegen

In der Jettinger Pfarrkirche St. Martin entdeckt man kunstvolle Epitaphe der Herren von Stain.

den Wittelsbacherherzog Ludwig „den Reichen" von Bayern-Landshut hineinziehen lassen. Truppen aus den Wittelsbacherstädten Gundelfingen, Lauingen und Höchstädt brannten Jettingen 1462 fast vollständig nieder.

Ganz und gar aus Jettingen verschwunden sind die Herren von Stain freilich nicht: In Stein gehauen sieht man sie (zum Teil mit ihren Ehefrauen) noch immer in der Pfarrkirche St. Martin: Acht Epitaphe sind jeweils hochrangige Bildhauerkunst. Augsburger Meister haben sie im 15. und 16. Jahrhundert geschaffen.

An den wohl berühmtesten Jettinger erinnert freilich das Schloss: Dort kam im November 1907 Claus Philipp Maria Schenk Graf von Stauffenberg zur Welt. Der Berufsoffizier spielte 1944 beim Widerstand in den Reihen der Wehrmacht gegen das verbrecherische Regime der Nationalsozialisten um Adolf Hitler eine führende Rolle. Von Stauffenberg versuchte am 20. Juli 1944, ein Attentat auf Adolf Hitler zu verüben, das aber wegen diverser Umstände scheiterte – der Staatsstreich war misslungen. Von Stauffenberg und mehrere seiner Mitwisser wurden am 21. Juli 1944 in Berlin standrechtlich erschossen.

Ganz schön viele Heilige, und alle „unter einer Decke": Johann Baptist Enderle schuf um 1755 für das Deckenfresko im Chor der Wallfahrtskirche Allerheiligen ein buntes Wimmelbild.

Johann Baptist Enderle malte den Himmel mit allen Heiligen in Allerheiligen

Der Donauwörther Freskant Johann Baptist Enderle zählte in Süddeutschland ohnehin zu den Allerbesten. In der Wallfahrtskirche Allerheiligen hat er sich aber offenbar selbst übertroffen.

Allerheiligen liegt am östlichen Rand von Jettingen-Scheppach. Der Name des Fleckens ist Programm: In der Wallfahrtskirche Allerheiligen sieht man „alle" Heiligen in einem um 1755 gemalten figurenreichen Wimmelbild im Deckenfresko über dem Hochaltar. Neben dem Chorfresko malte Enderle hier weitere Fresken „in volksliedhaft fröhlichem Rokoko" (Denkmalführer „Dehio") – an der Decke über dem Langhaus etwa eine Krippenszene. Der Freskant war ja bekanntermaßen gut, und dennoch betont der „Dehio": „Die Decken- und Wandfresken zählen zu den besten Werken Johann Baptist Enderles."

Die Wittelsbacher waren für die Markgrafschaft Burgau eine stete Bedrohung. Das Wappentier der Bayern sieht man schon im nahen Lauingen.

Scheppach lag in Vorderösterreich

Die Markgrafschaft Burgau: Österreichs „Stachel im Fleisch“ der Wittelsbacher

Jettingen und Scheppach hatten lange verschiedene Herren: Jettingen war im Besitz der Herren von Knöringen, später der Grafen von Stauffenberg. Scheppach aber gehörte zur vorderösterreichischen Markgrafschaft Burgau. Verwaltungssitz war das Schloss im nahen Burgau, das nicht einmal zehn Kilometer nördlich von Jettingen-Scheppach liegt – das Letztere noch knapp innerhalb des Naturparks, Burgau knapp außerhalb. Vorderösterreich wurde auch die „Schwanzfeder des Kaiseradlers“ genannt: Hier hatten die Habsburger das Sagen. Speziell die Markgrafschaft Burgau ging den Wittelsbachern gewaltig auf die Nerven: Die Bayern hatten 1268 die Gebiete der Staufer an der Donau und damit deren Städte Lauingen, Höchstädt und Gundelfingen geerbt. Die Markgrafschaft Burgau jedoch lag wie ein Sperrriegel vor weiteren Gebieten Schwabens, die sich die Bayern ebenfalls gern einverleibt hätten. Aus dieser Konstellation resultierten jene Konflikte, die Angreifer aus den wittelsbachischen Städten Lauingen, Höchstädt und Gundelfingen 1462 dazu brachten, Jettingen zu zerstören. 1806 wurde ohnehin alles bayerisch.

Im Naturpark nördlich von Augsburg

Fugger, Mozart und Ganghofer, Land-Art, Rokoko und Burgruinen

Achsheim
Adelsried
Allmannshofen
Altenmünster
Biberbach
Binswangen
Bocksberg
Bonstetten
Buttenwiesen
Emersacker
Gablingen
Holzen
Markt
Mertingen
Unterthürheim
Violau
Welden
Wertingen
Wörleschwang

Nur eine kleine Sehenswürdigkeit, aber eine mit einem Superlativ: Der kleine Sakralbau bei Adelsried war Deutschlands erste Autobahnkirche.

Die erste Autobahnkirche Deutschlands: Maria, Schutz der Reisenden

Im Landkreis Augsburg, wenige Kilometer von Augsburg entfernt, steht an der A8 München–Stuttgart bei Adelsried die Autobahnkirche Maria, Schutz der Reisenden. Ein Halt an dieser Kirche lohnt sich – und sei es auch nur wegen ihrer Geschichte.

Im Naturpark Augsburg–Westliche Wälder findet man sicher spektakulärere Sakralbauten als die kleine katholische Autobahnkirche mit dem Patrozinium Maria, Schutz der Reisenden. Doch mit dieser Kirche verbindet sich ein Superlativ: Das Adelsrieder Gotteshaus war die erste Autobahnkirche Deutschlands überhaupt, geweiht im Herbst 1958. Errichtet wurde sie ab 1956 nach Plänen von Baron Raimund von Doblhoff. Dieser renommierte Architekt hatte auch den Wiederaufbau der 1944 zerstörten Augsburger Fuggerei geleitet – freilich nur, bis er das dortige Verwaltungsgebäude ohne Toiletten plante.

Zu vergänglichen Kunstobjekten aus Material, das die Natur liefert (und wieder nimmt), wandert man auf dem „LandArt-Kunstpfad Bonstetten".

„LandArt-Kunstpfad Bonstetten": zu Kunst, die vergänglich sein darf

Land-Art-Künstler verstehen die Natur als Kunstraum. Die Natur liefert das Material für die Kunstobjekte und holt es sich wieder zurück – zu erleben auf dem „LandArt-Kunstpfad Bonstetten".

Etwa 20 Kilometer nordwestlich von Augsburg liegt Bonstetten. Dort beginnt an einem Parkplatz in der Dorfmitte ein fünfeinhalb Kilometer langer markierter Rundwanderweg (der sogar mit einem Kinderwagen zu begehen ist). Durch Wiese und Wald geht es hier zu Kunstwerken aus Naturmaterial – Sand, Steine, Holz… Diese vergänglichen Kunstobjekte werden allmählich von Wind und Wetter zerstört: Die Natur erobert sich das Material der Land-Art-Kunst nach und nach zurück. Später entstehen neue Objekte. Diesen Land-Art-Pfad mit den Werken des Künstlers Hama Lohrmann hat die Regio Augsburg Tourismus GmbH initiiert.

Der Besuch der Kirche St. Thekla in Welden ist ein „Muss". Dieses Rokokojuwel gilt als das bedeutendste Baudenkmal im Landkreis Augsburg.

Die Fuggerkirche auf dem Theklaberg: ein „Juwel" des Rokokos im Holzwinkel

Den Markt Welden darf man getrost als den zentralen Ort im Holzwinkel sehen. An ihrem ehemaligen Herrschaftssitz erinnert einiges an die reichen Fugger. Die von einem Fugger gestiftete Kirche St. Thekla gilt als das höchstrangige Baukunstwerk in dem an hochrangigen Sakralbauten nun wirklich nicht gerade armen Naturpark. Vieles erinnert hier zudem an den erfolgreichsten deutschen Romanschriftsteller der Kaiserzeit: Ludwig Ganghofer.

Im Holzwinkel gewesen zu sein und die Theklakirche auf dem Theklaberg hoch über Welden nicht gesehen zu haben – das geht eigentlich gar nicht. Das Baujuwel gilt als eine der schönsten Schöpfungen des Rokokos im gesamten bayerischen Schwaben und zugleich als das wohl bedeutendste Baudenkmal des Landkreises Augsburg. Diese zierlich wirkende Rokokokirche steht hoch über Welden. Dort schweift der Blick über die Dächer

Die Fuggerorgel in St. Thekla erinnert an einen Orgelbauer, der ein Freund der Mozarts war.

der Holzwinkelgemeinde: Der Weg auf den Theklaberg lohnt sich schon wegen der Aussicht. Doch um es gleich zu sagen: Diese Kirche versteht nur, wer sich mit ihrer

Die Kirche auf dem Theklaberg entstand von 1756 bis 1758 im verspielten Stil des Rokokos.

Ein Fresko in der Theklakirche zeigt die namensgebende Heilige, die dem verfolgten Stifter hilft.

Stiftungsgeschichte beschäftigt, und das spektakuläre Innere sieht man nur durch ein Gitter am Portal – es sei denn, man meldet sich im Kloster der Unbeschuhten Karmelitinnen direkt neben dieser Kirche an (Telefon 0 82 93/2 73). Es lohnt sich absolut. Denn nur von innen sieht man den ganzen Prunk dieses Sakralbauwerks und die Orgel auf seiner Empore: Sie ist ein Werk des Augsburger Orgelbauers Johann Andreas Stein – ein Freund Leopold und Wolfgang Amadé Mozarts. Und nur so sieht man die Fuggerlilien des Bauherrn Graf Joseph Maria Fugger von Wellenburg sowie zwei Fresken, welche die skurrilen Hintergründe dieser Kirchenstiftung andeuten. Denn die offizielle Version – ein Gelöbnis Graf Fuggers nach einem Blutsturz während einer Jagd – ist nur eine zeittypische und vorgeschobene Stiftungslegende. Der Grund für den Bau der Kirche ist vielmehr in wirtschaftlichen und familiären Kalamitäten Graf Joseph Maria Fuggers zu suchen. Sein Lebenswandel hatte die Familie verstimmt, und seine Schuldenmacherei gab 1739 sogar Anlass zu einer Sitzung des Familienseniorats. Den Verkauf der Fuggerherrschaft Wasserburg hatte Joseph Maria Fugger gegen den Willen anderer Familienmitglieder betrieben. Auch seine Ehe war gescheitert. Nach

In allen ihren Patronatskirchen „verewigten" sich die Augsburger Fugger mit ihrem gräflichen Wappen – wie etwa in St. Martin in Gablingen.

Fuggerkirchen und Fuggerschlösser

Spuren der Fugger sind im Naturpark überall zu finden – im Norden wie im „tiefen Süden"

St. Thekla in Welden gehört zu den sehenswertesten Denkmälern der Fugger im heutigen Naturpark – auch wenn die Entstehungsgeschichte dieser Kirche etwas merkwürdig wirkt. Herrschaftsbesitz war für die Fugger die Voraussetzung dafür, in den Kreisen des alten Adels halbwegs akzeptiert zu werden. Denn die Erhebung der Fugger in den erblichen Reichsgrafenstand war erst relativ spät – 1530 – erfolgt. Nachdem bereits Jakob Fugger„der Reiche" 1514 die Rechte an der Herrschaft Biberbach-Markt erworben hatte, kauften seine Nachfolger später quasi Schlag auf Schlag. Daran erinnern nicht nur zwei Patronatskirchen in Welden, sondern auch die – unter den Fuggern des Öfteren prächtig ausgestatteten – Kirchen in Biberbach, in Gablingen, in Mickhausen, in Markt Wald und vor allem die beim Fuggerschloss Kirchheim. Überall entdeckt man am Chorbogen das Fuggerwappen. Selbst ein Fugger konnte sich freilich beim Erwerb von Herrschaftsbesitz übernehmen: Daran erinnern die Schlösser in Hainhofen und Aystetten. Sie gehörten jeweils dem Pleitier Anton Fugger d.J.

einer Weldener Ortschronik verhängte der Kaiser über den Verschwender die Reichsacht, sodass er zeitweilig seine Rechte verlor und sogar gefangengesetzt wurde. Die Güter des Fuggers wurden von zwangsweise eingesetzten fremden Verwaltern bewirtschaftet.

Die wundersame Genesung Graf Fuggers nach einem Blutsturz bei der Jagd als Thema der Stiftungslegende sollte den Bau der Kirche St. Thekla erklären. Auf die historischen Fakten weisen aber zwei Deckengemälde in der Orgelempore hin. Auf einem der von dem bekannten Maler Johann Baptist Enderle geschaffenen Deckenfresken ist Joseph Maria Fugger zu erkennen: Ihn verfolgen Bewaffnete, die ihn gefangennehmen wollen. Die Häscher werden von der heiligen Thekla vertrieben. Auf dem zweiten Gemälde reicht die heilige Thekla dem Fugger Krone und Zepter: Es ist ein Motiv, das ausdrücken soll, dass der Kaiser dem Grafen 1754 alle Rechte und Herrschaften zurückgab – wahrscheinlich ist das der wahre Grund für das Gelöbnis.

Die Theklakirche entstand ab 1756 nach den Plänen von Baumeister Hans Adam Dossenberger aus Wollishausen. Um den Bau der lichtdurchfluteten, 1758 geweihten Rokokokirche zu finanzieren, hatte der Fugger ganze Wälder abholzen lassen. Das sieht man der Ausstattung dieses Sakralbaus durchaus an: Alles ist vom Feinsten – mit zahlreichen Fuggerlilien und schier zahllosen Putti im Stuck. Im Stuck eines der beiden großen Seitenaltäre hat sich Graf Joseph Maria Fugger als große, lebensnah modellierte und bemalte Halbfigur neben der heiligen Thekla abbilden lassen. Eine Votivtafel im Chor stellt den Blutsturz dar, nach dem dieser Fugger den Bau der Kirche St. Thekla gelobt haben will.

Die 175 Meter lange Lindenallee vor der Kirche auf dem Theklaberg ist ein Naturdenkmal: 1869 hat sie der Vater des Schriftstellers Ludwig Ganghofer anlegen lassen. August Ganghofer war königlicher Revierförster in Welden. An die Ganghofers erinnern eine Gedenktafel am damaligen Forsthaus sowie die „Ganghofer-Stätte Welden“. Und die Allee heißt heute „Ganghofer-Allee“.

Welden erinnert mit einer Ganghoferstraße, der Ganghofer-Stätte und „Ludwig Ganghofers Lausbubenweg" an die Försterfamilie Ganghofer.

Ludwig Ganghofer in Welden

Denkmäler und der Wald erinnern an die Zeit des Schriftstellers Ludwig Ganghofer in Welden

Einige Titel des Heimatschriftstellers Ludwig Ganghofer kennt man sogar dann, wenn man nie „einen Ganghofer" gelesen hat – etwa seinen „Herrgottschnitzer von Ammergau" oder „Das Schweigen im Walde". Letzterer Buchtitel ist sogar in den allgemeinen Sprachgebrauch eingegangen. Kein Wunder: Ganghofer war sehr populär – und in der Zeit des deutschen Kaiserreichs der erfolgreichste Buchautor dieser Ära. Er war längst eine Berühmtheit, als er Welden mit dem „Lebenslauf eines Optimisten" ein literarisches Denkmal setzte. Denn in dieser Holzwinkelgemeinde hat er prägende Kindheits- und Jugendjahre verbracht. Die drei Bände dieses Werks hat er von 1909 bis 1911 herausgebracht. Etwa hundert Jahre später hat ihm Welden „Denkmäler" gesetzt. Die „Ganghofer-Stätte Welden" im „Landgasthof Zum Hirsch" erinnert an ihn, auch der „Lausbubenweg" im Wald. Die „Ganghoferstraße" im Ort aber ist nach seinem Vater benannt, dem ob seiner Verdienste geadelten königlichen Revierförster August Ritter von Ganghofer (www.markt-welden.de/ludwig-ganghofer.html).

Ein Epitaph für Pfarrer Mozert an der Pfarrkirche St. Martin in Emersacker erinnert auch daran, dass Mozarts Wurzeln im heutigen Naturpark lagen.

St. Martin erinnert an die Fugger – und an die Herkunft von Mozarts Familie

Die Familie Mozart stammt aus dem heutigen Naturpark. Einen dieser „Mozarts“ entdeckt man in Emersacker. Die Kirche und das Schloss im Ort erinnern aber auch an die Augsburger Fugger.

Auch in Emersacker gibt es Sehenswertes, das an große Namen erinnert. Das Schloss im Dorf haben die Fugger bauen lassen. Die Pfarrkirche erinnert ebenfalls an sie – sowie an einen zweiten weltberühmten Namen, wenn auch in leicht abgewandelter Schreibweise. Ein Epitaph an der Fassade nennt den Namen des 1842 verstorbenen Pfarrers Johann Evangelist Mozert, der 38 Jahre in Emersacker wirkte. Forscher fanden den Namen Mozart in der Region 600-mal – in unterschiedlichsten Schreibweisen. Das Fuggerschloss entdeckt man in einem Fresko im Inneren der Kirche. Bei Emersacker steht (als Ziel an einem Radrundweg) eine der „Sieben Kapellen“.

Die Ruine der Burg Bocksberg erinnert an den Dreißigjährigen Krieg und an die Fugger. Ein kurzer Gang durch ein Wäldchen führt dorthin.

Die Burgruine Bocksberg: ein schöner Spaziergang zur schaurig-schönen Ruine

Wieder erinnert etwas an die Fugger, wieder geht es um den Dreißigjährigen Krieg. Damals wurde die Burg der Fugger in Bocksberg zerstört. Erhalten blieb die einsam gelegene Ruine.

An der Burg Bocksberg ging offensichtlich kein Krieg vorbei, ohne sie zu zerstören. Genau das passierte nämlich 1378, dann 1462, 1546 und zuletzt (wohl 1632) im Dreißgjährigen Krieg. Danach verspürten die Fugger, die die Herrschaft Bocksberg samt den Dörfern Laugna und Bocksberg 1613 erworben hatten, keine Lust, für den Wiederaufbau der Burg zu bezahlen, weil auch die Dörfer entvölkert waren. Man ließ hier also den Wald wachsen, mit dem die Fuggerei in Augsburg finanziert wurde. Zur Ruine kommt man über einen kurzen Waldspaziergang auf dem Burgweg. Ältere Menschen aus dem Laugnatal schwören Stein und Bein: Dort spukt es.

Ein schottischer Königssohn mit dem Hirtenstab: Mit Albertus von Wörleschwang verehrt der Ort im Holzwinkel den nach ihm benannten Heiligen.

Albert von Wörleschwang: der Patron des Viehs und der Hörgeschädigten

Wörleschwang hat einen „eigenen" Heiligen: Albert von Wörleschwang. Die Gebeine dieses schottischen Königssohnes soll die Albertuskapelle in St. Michael bergen. Der Viehpatron des Zusamtals und der Reischenau ist auch der Patron der Hörgeschädigten.

Die Wörleschwanger Pfarrkirche St. Michael ist eine der weniger bekannten „Perlen" im Naturpark. Von außen betrachtet ist hier (auf den ersten Blick) das Auffälligste ein Storchenpaar, das auf dem Satteldach des hohen Kirchturms brütet. Das Innere dieses Sakralbaus birgt freilich einiges an Sehenswertem und Geschichte(n). Dazu gehört, dass Wörleschwang einst zur Herrschaft Welden und damit zeitweise den Fuggern gehörte, deren Patronatskirche St. Michael deshalb war. Von den Fuggern sieht man nichts mehr. Den Erzengel Michael zeigt eine Sandsteinkartusche (sie stammte aus einem

Eine Sandsteinkartusche in St. Michael zeigt den Erzengel mit Seelenwaage und mit Schwert.

nahen Benediktinerkloster) an der südlichen Langhauswand als „Seelenwäger" mit Waage und Schwert.

Der Erzengel kommt in katholischen Kirchen öfter vor, Albertus von Wörleschwang eher selten. Einer Legende nach soll der schottische Königssohn mit seinen Brüdern Sigebert und Giselbert (auch: Gisebert) im 11. Jahrhundert vor den Engländern geflohen sein. In Wörleschwang diente Albert unerkannt als Hirte. Ein Schrein im Altartisch der Albertuskapelle soll seine Gebeine bergen. Die Figur in einer Nische darüber stellt ihn dar. An der Wand gegenüber zeigt eine Malerei Albert und seine Brüder. Diese Kapelle wurde zum Wallfahrtsziel. Und sie war auch der Kern jener Kirche, in der 1420 die gotischen Fresken an den beiden Langhauswänden entstanden.

Auch Alberts Bruder – Giselbert von Zusmarshausen – wurde heiliggesprochen. 1996 wurde in Zusmarshausen eine „Gisebertkapelle" geweiht. Alle drei Brüder findet man in einem Deckenfresko in der Kirche St. Martin in Wertingen – in der Mitte Albert mit dem Hirtenstab.

*Ein „Heizkörper“, der an einen Kaiser erinnert –
der gusseiserne Napoleonofen in Wörleschwang.
Napoleon wärmte sich an ihm in Zusmarshausen.*

Wo sich der patschnasse Korse wärmte: der Napoleonofen in Wörleschwang

Eine ganz kleine Sehenswürdigkeit, mit der sich aber ein ganz großer Namen verbindet: In einem Gasthof in Wörleschwang steht der sogenannte Napoleonofen. An ihm soll sich schon der Kaiser der Franzosen gewärmt haben: Seinerzeit heizte dieser Ofen freilich noch in der Posthalterei im nahen Zusmarshausen.

Irgendwann ist der gusseiserne Ofen beim Eingang des „Landgasthofs Demharter“ in Wörleschwang dorthin gekommen. Im Herbst 1805 allerdings stand das gute Stück noch glühend heiß in der Posthalterei im nahen Zusmarshausen. Der vom Regen bis auf die Haut durchnässte Napoleon Bonaparte soll sich angeblich daran getrocknet und gewärmt haben. Der Franzosenkaiser soll von dort aus Post mit dem Absender „Hauptquartier Zusmarshausen“ verschickt haben. Der Ofen aus dieser Posthalterei heißt jedenfalls bis heute „Napoleonofen“.

Baiershofen verkörpert – bestens erhalten – ein ab dem 14. Jahrhundert gewachsenes Ortsbild.

Ein Ziel für Nostalgiker: Baiershofen ist ein Dorf wie aus dem Bilderbuch

Den Typus eines mittelschwäbischen Rodungsdorfes – angelegt im 14. Jahrhundert – zeigt noch weitgehend unverfälscht das Dörfchen Baiershofen. Es ist quasi „ein Bild von einem Dorf".

„Gott mit dir, du Land der BayWa", lästerten einst die Well-Brüder, und das Kabarettisten-Trio könnte nicht nur an Dünger und Chemie gedacht haben, sondern auch an die Fülle regionalfremden Baumaterials, die sich übers Land „ergoss". Lang schon kann in Bayern jeder Häuslebauer beinahe bauen, wie und womit er will: Den Ortsbildern tut das selten gut. Architekturkenner, Ästheten und Nostalgiker zieht es deshalb nach Baiershofen. Dort finden sie nämlich ein Ortsbild wie aus dem Bilderbuch: Mehr als 500 Meter lang reihen sich hier satteldachgedeckte Häuser giebelseitig hinter Bauerngärten entlang des Dorfangers voller Obstbäume. Im Zentrum steht die Kirche. Ein Bild, wohltuend für das Auge und die Seele.

Sakralkunst aus der Zeit um 1520, allerdings eine etwas skurrile: Die sogenannte Johannesschüssel ist eines der Wallfahrtsziele in Violau.

In die Wallfahrtskirche Violau und zur Johannesschüssel gegen den Kopfschmerz

Die Wallfahrtskirche St. Michael in Violau gehört zu den höchstrangigen Sakralbauten im Naturpark. Dort stößt man auf ein weit und breit einmaliges Gnadenbild – eine Johannesschüssel.

Schon wieder eine Kirche? Ja, aber wieder eine in der Kategorie „Sollte man unbedingt gesehen haben". Die Pfarr- und Wallfahrtskirche St. Michael in Violau, einem Ortsteil von Altenmünster, zählt zu den bedeutendsten Sakralbauten bei Augsburg. Barock und Rokoko prägen diese im Kern romanische Kirche. Mit dem um 1750 entstandenen Stuck habe der Wessobrunner Franz Xaver Feichtmayr d. Ä. „sattsambes Vergnügen geleistet" – so eine Äbtissin des Klosters Oberschönenfeld, dem der Ort Violau zeitweilig gehörte. Eine Marienwallfahrt zu einer Pietà ist seit 1466 bekannt. Ein zweites Gnadenbild ist die Johannesschüssel, eine gefasste Holzplastik aus der

Die Wallfahrtskirche St. Michael: feinstes Barock inmitten der bewaldeten Hügel des Holzwinkels.

Zeit um 1500. Es stellt das abgeschlagene Haupt von Johannes dem Täufer auf einer versilberten Schale dar. Das Haupt wird Pilgern auf den Kopf gelegt, die auf Hilfe bei Kopfschmerz oder Erkrankungen am Kopf hoffen.

Zahlreiche Votivgaben belegen die Wallfahrtstradition der Kirche in Violau – in der Veilchenau.

Am Ortsrand von Gablingen spiegelt sich das landschaftsprägende Bauensemble eines Fuggerschlosses in der träge strömenden Schmutter.

Das Fuggerschloss in Gablingen: romantische Ansichten an der Schmutter

Bis 1806, als auch das Lechtal vom jungen Königreich Bayern vereinnahmt wurde, war dieses Flusstal nördlich von Augsburg zu weiten Teilen im Besitz der Fugger gewesen. Daran erinnert das Ensemble des Fuggerschlosses und der Schlosskirche über der Schmutter bei Gablingen. Ein Blick in die Kirche lohnt sich.

1527 erwarb Raymund Fugger, ein Neffe Jakob Fuggers „des Reichen", die Herrschaft Gablingen. Einerseits, weil sie eben zu haben war, andererseits aber wohl nicht zuletzt deshalb, weil dieser Herrschaftsbesitz sehr günstig gelegen war: Er schloss unmittelbar an die nördlich daran angrenzende, noch durch Jakob Fugger erworbene Fuggerherrschaft Biberbach-Markt an. Direkt auf der steil abfallenden Hangkante über der Schmutter und damit am westlichen Rand des Lechtals steht dort das weithin sichtbare, landschaftsprägende Ensemble des

In St. Martin entdeckt man den für Fugger'sche Patronatskirchen fast immer erwartbaren Prunk.

Fuggerschlosses und der angrenzenden Schlosskirche St. Martin. Ihr Herrschaftsschloss hatten die Fugger ab dem 16. Jahrhundert errichten lassen. Das Schloss ist in Privatbesitz und kann nur von außen besichtigt werden. Auf jeden Fall empfehlenswert ist ein kurzer Spaziergang entlang der Ufer der Schmutter: Immer wieder spiegelt sich nämlich das Denkmalensemble idyllisch im träg dahinströmenden Flüsschen, und immer wieder geben die Schwarzerlen am Ufer einen romantischen Blick auf das hoch über dem Flusstal errichtete Schloss und die Schlosskirche St. Martin frei.

Die gotische Pfarrkirche ließen die Fugger bis um 1738 barockisieren. Diese Kirche ist über einen Zugang zur Empore auch innen zu besichtigen. Der Weg lohnt sich nicht zuletzt wegen des reichen Stucks, gefertigt von einem Angehörigen der berühmten Stuckateurs- und Baumeisterfamilie Schmuzer aus Wessobrunn. An ihren Patronatskirchen knauserten die Fugger eben selten. Das zeigen auch die im Stil des Rokokos geformten, von Blattgold glänzenden Seitenfiguren der Heiligen Ulrich und Nikolaus beim Hochaltar. Das Fuggerwappen entdeckt man natürlich auch hier im Stuck am Chorbogen.

Die Gedenktafel an einem Feldkreuz bei Achsheim erinnert daran, dass hier schwedische Soldaten im Dreißigjährigen Krieg einen Pfarrer erschossen.

Ein Feldkreuz bei Achsheim erinnert an einen Mord und den Dreißigjährigen Krieg

Das Feldkreuz in einer Baumgruppe am Rand der Landstraße zwischen Achsheim und Biberbach ist das beste Beispiel dafür, dass sich auch hinter einem unspektakulären Denkmal große Geschichte verbergen kann. Eine Gedenktafel überliefert dort die Ermordung eines Pfarrers im Dreißigjährigen Krieg – und die Kriegsgräuel, die ein Fugger maßgeblich mitverschuldet hat.

An den drei Feldkreuzen in einer kleinen Baumgruppe am Rand der Straße zwischen Achsheim und Biberbach fahren wohl 99 von hundert Autofahrern achtlos vorbei. Natürlich ist dieses Mahnmal kein großes Kunstwerk, es steht allerdings für große Geschichte und einen Mord. Vordergründig geht es um den Tod eines Pfarrers der in Sichtweite gelegenen Wallfahrtskirche in Biberbach: Er wurde im Dreißigjährigen Krieg an diesem Platz bei Achsheim von einem schwedischen Reiter ermordet.

Was die Inschriftentafel am Feldkreuz des Mahnmals überliefert, ist in Malereien in der in Sichtweite gelegenen Biberbacher Wallfahrtskirche dargestellt. Achsheim und Biberbach erinnern so an ein blutiges Kapitel europäischer Geschichte.

Im Herbst 1632 hatten schwedische Soldaten die Kirche der Fugger'schen Herrschaft Biberbach-Markt verwüstet. Danach hatten sie den katholischen Geistlichen Ulrich Zusamschneider an einen Pferdeschweif gebunden und mitgeschleift. Beim Eggelhof (dessen barocker Schweifgebel unweit von Achsheim kaum zu übersehen ist) wurde der Pfarrer der Überlieferung nach zunächst mit Schwertstichen verletzt, dann nahe der ersten Häuser von Achsheim an einen Baum gebunden und erschossen. Die kleine Inschriftentafel am mittleren der drei Feldkreuze des Achsheimer Mahnmals erinnert daran, dass Pfarrer Ulrich Zusamschneider „im Schwedenkrieg hier auf grausame Art den Märtyrertod erlitt".

An diesen Mord erinnern freilich auch Malereien in der Biberbacher Wallfahrtskirche. Ein Gemälde an der Emporenbrüstung dieser Fugger'schen Herrschaftskirche zeigt einen Reiter, der den hilflosen Pfarrer mit seiner Kavalleriepistole erschießt. Auch im Fresko an der Westwand des südlichen Querschiffs dieser Wallfahrtskirche ist die Ermordung Pfarrer Zusamschneiders dargestellt: Dort ist jedoch abgebildet, dass ein vor ihm stehender Soldat den katholischen Geistlichen mit der Pistole aus nächster Nähe in die Brust schießt.

Nach der Schlacht bei Rain vom 14. und 15. April 1632 lagen das Lechtal und das Schmuttertal schutzlos vor dem siegreichen schwedischen Heer, das nach Augsburg marschierte. Wenn von „Schweden" die Rede ist, ist das nicht ganz eindeutig. Denn das schwedische Heer hatte viele schottische und deutsche Söldner angeworben. Ob die Marodeure im Heer der Protestanten in Biberbach „nur" ebenso grausam vorgingen wie an vielen anderen Orten (damals entstand die Redewendung, dass jemand „haust wie die Schweden"), ist nur eine Möglichkeit. Die zweite ist, dass die „Schweden", die von Donauwörth her angerückt waren, in der nahen Fuggerherrschaft bewusst und in voller Absicht „hausten". Denn in der Donaustadt hatte ein Fugger durch seine Intrigen ganz wesentlich den Ausbruch des Glaubenskriegs provoziert. Viele Protestanten hatten ihre Heimatstadt verlassen müssen. Vielleicht wurde in Biberbach Rache geübt?

Eine Malerei in der Wallfahrtskirche in Biberbach hält fest, was 1632 bei Achsheim geschah: Ein Soldat erschießt Pfarrer Ulrich Zusamschneider.

Eine schaurige Burgruine im Wald bei Bocksberg erinnert an das Grauen und die Verwüstungen während des Dreißigjährigen Kriegs.

Das große Sterben: Dreißigjähriger Krieg

Der Dreißigjährige Krieg in den Landschaften um die hart umkämpfte Reichsstadt Augsburg

1632 mussten viele katholische Geistliche vor den Schweden flüchten. Überliefert ist, dass die Soldateska in Horgau den Pfarrer ermordete. Klöster und Kirchen wurden geplündert und demoliert. Auch eine Burg der Fugger auf dem Theklaberg in Welden wurde zerstört. Die Weldener Franziskanerinnen flohen nach Augsburg. Die Zisterzienserinnen aus dem Kloster Oberschönenfeld zogen sich sogar nach Tirol zurück. Im Dreißigjährigen Krieg wurde auch die Burg der Fugger in Bocksberg zerstört: Noch vor wenigen Jahrzehnten glaubten dort viele Menschen fest daran, dass es in dieser Burgruine spukt. Ein kurzer Waldspaziergang führt zu den schaurigen Mauerresten. Eine Informationstafel bei Horgau beschreibt den Verlauf der Schlacht bei Zusmarshausen: Dort wurde am 17. Mai 1648 die letzte größere Schlacht in diesem Krieg geschlagen. Das Hochaltarblatt in der Kirche St. Martin im nahen Horgau zeigt dieses Gemetzel samt dem brennenden Dorf. Nach dem Krieg war kaum eine zweite deutsche Region derart entvölkert wie die um das hart umkämpfte Augsburg.

Mit der Kirche in Biberbach verbinden sich große Namen. In dieser Fuggerkirche war der kleine Mozart 1766 zum Orgelwettstreit angetreten.

Die Wallfahrtskirche in Biberbach: die Fugger, Mozart und das „liabe Herrgöttle"

Sehr viel prächtiger als die Fuggerkirche in Biberbach kann eine Wallfahrtskirche auf dem Land kaum noch ausfallen. Dass sie außerdem an einen Orgelwettstreit des zehnjährigen „Wolferl" Mozart erinnert, macht sie quasi zum Wallfahrtsziel für sämtliche „Mozartianer". Das Gnadenbild dieser Barockkirche – das „liabe Herrgöttle von Bibera" – erinnert an den Bauernkrieg und an Bilderstürmer, und ein Gemälde an den Dreißigjährigen Krieg.

Die Biberbacher Pfarr- und Wallfahrtskirche mit dem Patrozinium St. Jakobus d. Ä. und Laurentius gehört zu jenen Stationen im Naturpark Augsburg – Westliche Wälder, auf die der Begriff „Must-see" ganz bestimmt zutrifft. Diese barocke Kirche wäre ja allein schon als Baudenkmal sehenswert. Zu allem Überfluss rankt sich um den Sakralbau hoch über dem nördlichen Lechtal aber auch noch viel Geschichte: Da ist zum einen die

Das Gnadenbild der Biberbacher Wallfahrtskirche: ein romanischer Kruzifixus, das „liabe Herrgöttle".

Historie der Fugger aus dem nahen Schloss Markt, dem Verwaltungssitz der bereits durch Jakob Fugger „den Reichen" erworbenen Herrschaft Biberbach-Markt. Die Biberbacher Kirche war also eine Patronatskirche der

1753 wurde der Innenraum der barocken Biberbacher Fuggerkirche im Stil des Rokokos erneuert.

Eine knallrote Mozart-Stele nahe der Kirche weist auf Mozarts Aufenthalt im Jahr 1766 hin.

Augsburger Fugger – dementsprechend prangt auch hier das Fuggerwappen über einer Tür im Chor.

Das Gnadenbild der Wallfahrtskirche ist ein romanischer Kruzifixus aus der Zeit um 1220. Er ist, so ein Kunstführer, „eines der bedeutendsten Bildwerke dieser Zeit und in dieser Größe in Schwaben“. Der Legende nach hätten Bilderstürmer während des Bauernkriegs in Württemberg den Kruzifixus 1525 am Wegrand zurückgelassen. Ein Weinhändler habe das Kreuz auf einem Karren nach Biberbach gebracht. Hier hätten die Pferde die Weiterfahrt verweigert, bis dort – so die Legende um ein „Gespannwunder“ – das hölzerne Kreuz mit dem geschnitzten Korpus abgeladen worden war. Als „liabs Herrgöttle von Bibera“ ist das Gnadenbild im Schwäbischen in den allgemeinen Sprachgebrauch eingegangen. An die Ermordung des Biberbacher Pfarrers Zusamschneider durch schwedische Marodeure im Dreißigjährigen Krieg (1632) erinnern zwei Malereien in der Kirche. Bei der Kirche erinnert eine von der Regio Augsburg Tourismus GmbH initiierte Kultur- und Info-Installation an den Orgelwettstreit des zehnjährigen Mozart in dieser Kirche, den das „Wolferl“ – es war im Jahr 1766 – nicht gewonnen hat.

Eine Kultur- und Info-Installation der Regio Augsburg Tourismus GmbH erinnert an einen Orgelwettstreit zweier „Wunderkinder" in Biberbach.

„Wolferl" Mozart in Biberbach

Familie Mozart in Biberbach: ein denkwürdiger Orgelwettstreit in einer Fuggerkirche

Auf der Heimfahrt nach der dreijährigen großen Westeuropareise der Familie Mozart mit den zwei „Wunderkindern", dem „Wolferl" und dem „Nannerl", gab man auf dem Weg nach Salzburg 1766 im Dillinger Schloss – in der Nebenresidenz der Augsburger Fürstbischöfe – ein Konzert. Unter den Zuhörern war Graf Christoph Moritz Bernhard Fugger, Herr zu Boos und Biberbach. Er lud nun zu einem Orgelwettstreit in der Kirche seiner Herrschaft Biberbach ein, die am Weg nach Augsburg lag. Deshalb machten die Mozarts dort am 6. November 1766 Station. Der Kontrahent des zehnjährigen „Wolferl" Mozart war der zwei Jahre ältere Joseph Sigmund Eugen Bachmann, ein Enkel des Biberbacher Organisten. Auch Bachmann galt als „Wunderkind": Als Neunjähriger spielte er 200 Musikstücke auswendig, und auch er wurde später Komponist. Ein Zuhörer hielt fest, dass dieser Orgelwettstreit ohne eindeutigen Sieger geendet habe. Leopold Mozart war wohl schockiert. Er hat in vielen Briefen von den Stationen der Reise berichtet: Doch den Orgelwettstreit in Biberbach hat „Wolferls" Papa nie erwähnt.

Zwischen den massigen Wehrtürmen von Schloss Markt erhebt sich der zierliche Turm einer im Stil des Rokokos errichteten Kapelle.

Das Herrschaftsschloss der Fugger in Markt steht hoch über dem Lechtal

Schloss Markt kann niemand übersehen, der auf der Bundesstraße B 2 nördlich von Augsburg fährt. Dafür steht der Schlosskomplex viel zu markant hoch über der angrenzenden Ebene des Lechtals. Auch Schloss Markt ist ein Denkmal der Fugger.

Schloss Markt war der Herrschaftssitz der Herrschaft Biberbach-Markt, die der fortwährend klamme Kaiser Maximilian I. 1514 an seinen Finanzier, den Augsburger Jakob Fugger „den Reichen", verpfänden musste. Eine Burg bauten die Fugger zum Schloss aus. Der Hauptbau wurde 1852 abgerissen. Was von den privat bewohnten Bauten des Schlosses erhalten ist, ist eigentlich (sehenswertes) Drumherum. Der Bergfried und zwei trutzige Wehrtürme stammen im Kern aus dem Mittelalter. Dazwischen ragt der Turm der im Stil des Rokokos errichteten Schlosskapelle St. Johannes der Täufer empor.

Buchstäblich überragend: hoch über dem Lechtal und bereits von Weitem zu sehen – die Kirchtürme des Klosters Holzen bei Allmannshofen.

Sehenswertes hoch über dem Lechtal

Eine hohe Hangkante sorgt für ein „Schaufenster" über dem brettflachen Lechtal

Nördlich von Augsburg verläuft die östliche Grenze des Naturparks Augsburg–Westliche Wälder (und damit die des Holzwinkels) über etliche Kilometer entlang der Schmutter. Das Flüsschen strömt hier unterhalb einer steil abfallenden Hangkante, die das Lechtal bis kurz vor der Mündung des Flusses in die nahe Donau begleitet. Die scharfe topografische Grenze zwischen waldreichem Hügelland und brettflachem Flusstal ist dafür verantwortlich, dass Autofahrer auf der B 2 zwischen Augsburg und Donauwörth mehrere Sehenswürdigkeiten des Naturparks quasi wie im Schaufenster präsentiert bekommen. Das gilt für das Fuggerschloss Markt ebenso wie für die nahe Wallfahrtskirche in Biberbach, das gilt auch für die Doppeltürme des Klosters Holzen bei Allmannshofen. Weil die Lage auf der hohen Hangkante weite Blicke über die Landschaft erlaubte, gründeten Römer bei Mertingen das Kastell Summuntorium, das letzte vor der Donau. Von hier aus überwachten sie das Tal bis zur Mündung des Lechs. Das Kastell ist verschwunden, Spuren der Römer findet man aber im Ort.

Das barocke Kloster Holzen bei Allmannshofen hat eine lange und bewegte Geschichte hinter sich. Sie reicht bis weit in das Mittelalter zurück.

In der Kirche des Klosters Holzen ist ein barockes Christkind das Wallfahrtsziel

Im Inneren der Kirche des Klosters Holzen bei Allmannshofen wird man von der überwältigenden barocken Pracht schier „erschlagen". Doch das Wallfahrtsziel war etwas recht Kleines – eine barocke Kleiderpuppe, das „wundertätige" Christkind.

Als die barocke Klosterkirche St. Johannes der Täufer ab 1696 errichtet wurde, hatte das Benediktinerinnenkloster Holzen schon eine jahrhundertelange Geschichte hinter sich. Gegründet wurde es angeblich 1150 von einem Adeligen, der soeben von einem Kreuzzug heimgekehrt war – und zwar ursprünglich als Doppelkloster für Frauen und für Männer. Nachdem das Kloster und die Klosterkirche im Dreißigjährigen Krieg 1632 von den Schweden weitgehend zerstört worden waren, begann man 1696 mit dem Neubau. Stuck im Wessobrunner Stil und Fresken schmücken die Barockkirche. Eine barocke

Das barocke Holzener Christkind ist an einem der Seitenaltäre in der Klosterkirche zu finden.

Kleiderpuppe, welche die Nonnen um 1647 bei ihrer Rückkehr ins Kloster nach Holzen mitgebracht hatten, kam um 1730 in die Klosterkirche und wurde dort zum Wallfahrtsziel: das „wundertätige" Holzener Christkind.

Barock, wohin das Auge auch schweift – Blick in das imposante Innere der Klosterkirche in Holzen.

Am „Römerplatz" vor dem Mertinger Rathaus erinnern Cortenstahl-Silhouetten römischer Soldaten an ein Kastell unweit der Donau.

Der „Römerplatz" im Zentrum erinnert an ein Kastell am Ende der Römerstraße

Bald nachdem die Römer Augsburg gegründet hatten, bauten sie auch ein Kastell beim heutigen Mertingen. Vom römischen Kastell ist längst nichts mehr zu sehen. Doch der „Römerplatz" beim Rathaus an der Fuggerstraße erinnert an die Antike.

Unter Kaiser Claudius bauten die Römer die Via Claudia Augusta bis um 46/47 n. Chr. bis kurz vor der nördlichen Grenze ihres Imperiums – damals die Donau – aus. Auf dem Gebiet von Mertingen, dem nördlichsten Punkt im Naturpark, entstand hoch über dem Schmuttertal das Kastell Summuntorium (Burghöfe). Von jenem Kastell ist nichts mehr zu sehen. Aus Cortenstahl geschnittene Silhouetten eines Trupps von Legionären am Rand des „Römerplatzes" beim Rathaus deuten die antike Ära an. In der dortigen Grünanlage finden sich Abgüsse römischer Steindenkmäler, etwa der Torso eines Merkur.

Im „Archäologischen Museum" in Gablingen belegen Relikte eines Fassbrunnens eine Technik der römischen Trinkwasserversorgung.

Kastelle, Straßenbau und Wasserversorgung: zu den Relikten der Römer im Naturpark

Trinkwasserversorgung galt im Weltreich der recht hygienebewussten Römer als wesentliche Infrastruktur. Aquädukte konnten sie aber im heutigen Schwaben wegen der dortigen Topografie nirgendwo bauen. Sie versorgten sich deshalb aus tiefen Brunnen, die bis zu wasserführenden Schichten ausgeschachtet und mit Holzbrettern verschalt wurden, um so die Verschmutzung des Grundwassers zu vermeiden. Relikte eines derartigen Fassbrunnens zeigt das „Archäologische Museum" in einem Seitentrakt der Schule in Gablingen. Auch etliche Hohlziegel römischer Warmluftheizungen werden dort ausgestellt. An eine Römerstraße zwischen Augsburg und der Donau weit im Westen des antiken Augusta Vindelicum erinnern Exponate im „Museum Zusmarshausen": Dort können Grabungsfunde aus dem antiken Brückenort Pontone besichtigt werden. Wie in Mertingen ist auch ein römisches Kastell bei Gundremmingen längst verschwunden. Doch an der Straße zwischen Aislingen und Gundremmingen zeigt der Blick durch ein „Historisches Fenster" Lage und Aussehen des „Bürgle".

Grabsteine vor allem aus dem 19. Jahrhundert prägen den Jüdischen Friedhof in Buttenwiesen.

Synagoge, Mikwe und Grabsteine erinnern an eine jüdische Gemeinde

Aufgrund der Geschichte seiner ehemaligen Landjudengemeinde versteht sich Buttenwiesen heute als ein „Lernort". An diese Gemeinde erinnern eine Synagoge, eine Mikwe und ein Friedhof.

Buttenwiesen liegt in der nordwestlichsten Ecke des Landkreises Dillingen a. d. Donau, die gerade noch zum Naturpark gehört. Mit den Denkmälern der Geschichte seiner jüdischen Gemeinde versteht sich Buttenwiesen heute als „Lernort". Sein Zentrum prägt die 1857 im maurischen Stil erbaute einstige Synagoge – neben der Pfarrkirche lange das höchste Gebäude im Ort. Die 1938 innen zerstörte Synagoge hat man ab den 1950ern als Schule genutzt (bis 1994). Das ehemalige Ritualbad – die Mikwe – wurde zum Wohnhaus (zuletzt 2017 saniert). Der 1633 angelegte Jüdische Friedhof (mit 286 Gräbern aus vier Jahrhunderten) neben der Synagoge grenzt unmittelbar an den christlichen Friedhof an.

Ein Denkmal in Unterthürheim ist einem Poeten des Mittelalters – Ulrich von Türheim – gewidmet.

Ein Dichter aus der Zeit der Staufer – sein Denkmal steht in Unterthürheim

Es ist kein großes Kunstwerk – aber ein weit und breit außergewöhnliches. Im kleinen Unterthürheim, einem Ortsteil von Buttenwiesen im Landkreis Dillingen, stößt man auf das Denkmal eines Dichters aus dem Hochmittelalter. Er war kein armer Poet, sondern einer mit Beziehungen zu allerhöchsten Kreisen.

Breitbeinig sitzt er vor der Pfarrkirche Maria Hilf in Unterthürheim auf seinem Denkmalsockel – Ulrich von Türheim, die Rechte auf einem aufgeschlagenen Buch. Er lebte im 13. Jahrhundert, war also ein Zeitgenosse von Wolfram von Eschenbach und Walther von der Vogelweide. Ulrichs Vita lässt vermuten, dass er Umgang mit dem Hofkreis um die Stauferkönige Heinrich (VII.) – er wird auch „Heinrich der Klammersiebte" genannt – und Konrad IV. pflegte. In seinen drei Romanen stellte sich der Dichter als „ich von Türheim Ulrich" vor. Seinen Fleiß belegt ein Werk mit tausenden Versen.

Das Alte Schloss und das Neue Schloss in Wertingen: Der Schlosskomplex beherbergt heute das Rathaus und ein Heimatmuseum.

Ein Schloss aus zwei Schlössern und eine Kirche mit sehr markanten Türmen

Buchstäblich überragende Bauwerke dominieren das Zentrum der Stadt Wertingen. Das eine ist der Komplex des Alten und Neuen Schlosses, das zweite die Stadtpfarrkirche St. Martin.

Wertingen im Landkreis Dillingen a. d. Donau ist eine der wenigen Städte innerhalb der Grenzen des Naturparks Augsburg–Westliche Wälder. Und es ist eine Stadt, deren Zentrum sogar von einem Schloss überragt wird. Genauer gesagt von zwei Schlössern, nämlich vom Alten Schloss und vom Neuen Schloss – ein Baukomplex, dessen Verteidigungsfähigkeit öfter mal gefragt war. Nachdem aber die Bayern die Stadt einmal mehr überfallen und niedergebrannt hatten, verloren die Schlossherren aus der Augsburger Patrizierfamilie der Langenmantel jegliche Lust an ihrer Herrschaft Wertingen: Sie verkauften Schloss und Stadt 1467 an die Pappenheimer.

Äußerst markant: die Doppeltürme der Stadtpfarrkirche mit ihrem gotisierenden Zinnenkranz.

Das Alte Schoss hatten die Langenmantel 1354 errichten lassen. Ein Pappenheimer ließ 1654 das Neue Schloss an das bereits bestehende anbauen. Weil die Wertinger Linie der Pappenheimer im Jahr 1700 ohne männlichen Erben war, fielen Herrschaft und Schloss ans Kurfürstentum Bayern. Bald zog ein bayerisches Pfleggericht ins Schloss ein. Die Bayernrauten sieht man an der Fassade.

Wertingens zweites buchstäblich überragendes Gebäude ist die Stadtpfarrkirche St. Martin. Nachdem 1646 die Schweden diese Kirche niedergebrannt und weitgehend zerstört hatten, wurde der beschädigte Aufbau des Südturmes 1648 in gotisierender Form – mit markantem Zinnenkranz – an den Nordturm angepasst. Der Blick in diese Kirche lohnt sich wegen des üppigen Stucks und wegen der Fresken zur Heiligenlegende von St. Martin. Anlässlich des tausendsten Jahrestags der Schlacht auf dem Lechfeld im Ulrichsjahr 1955 wurde Bischof Ulrichs „Wehrhaftigkeit“ betont – es war die Zeit des Kalten Kriegs. 1957 erhielt die Wertinger Kirche deshalb ein Deckenfresko, auf dem der heilige Ulrich in die Schlacht auf dem Lechfeld zieht. Ein weiteres Fresko zeigt den heiligen Albertus von Wörleschwang und seine Brüder.

1835 wurde die Synagoge in Binswangen errichtet. Ein Superlativ: Sie ist Deutschlands älteste Synagoge im neomaurischen Stil.

Synagoge, Friedhof und ein Kulturweg: zu Denkmälern einer jüdischen Gemeinde

In Binswangen lohnt sich ein Blick auf und in die barocke Bruderschaftskapelle. Doch das auffallendste Denkmal im Ort ist die einstige Synagoge mit ihrem orientalisierenden Baustil.

Seit 1525 ist in Binswangen eine jüdischen Gemeinde belegt. Zentrale Einrichtung jeder Landjudengemeinde war die Synagoge. Die ehemalige, im Jahr 1835 errichtete Binswanger Synagoge hatte bei ihrer Entstehung den königlich-bayerischen Bauvorschriften zu entsprechen: Neomaurische Stilelemente wie der Treppengiebel sowie das Portal und die Fenster in dekorativer Hufeisenform prägen ihre Fassade. Neomaurische Motive findet man auch im Innenraum. Dieses Bauwerk ist Deutschlands älteste Synagoge im neomaurischen Stil. Der nahe Friedhof sowie ein „Kulturweg Binswangen" erinnern ebenfalls an die einstige jüdische Gemeinde.

Nicht nur Buttenwiesen und Binswangen, auch Fischach erinnert mit einem Friedhof an eine der untergegangenen jüdischen Landgemeinden.

Jüdische Spuren im Naturpark

Relikte ehemaliger jüdischer Landgemeinden im Gebiet des heutigen Naturparks

Orte wie Binswangen und Buttenwiesen am Rand des Donautals, aber zum Beispiel auch Fischach in den Stauden, erinnern durch die Relikte ihrer jüdischen Landgemeinden daran, dass der ländliche Raum zwischen Augsburg und Ulm im 15. und 16. Jahrhundert zu einem Rückzugsgebiet jüdischer Familien wurde. Der Grund waren die durch die Obrigkeit veranlassten Ausweisungen der Juden (in Augsburg 1438/40, in Ulm 1499, im Herzogtum Württemberg 1498, in Teilherzogtümern der Wittelsbacher 1442 und 1450 sowie im vereinten Herzogtum Bayern 1553). Friedhöfe in Rückzugsorten wie Buttenwiesen (1632/33) und Binswangen (1663) entstanden erst spät. Denn zuvor waren Verstorbene aus der gesamten Region zentral auf dem Burgauer Friedhof bestattet worden. Als sich die Burgauer Gemeinde in den Pestjahren 1634/35 aufgelöst hatte, wurde ihr Friedhof noch einige Zeit von anderen Gemeinden, etwa von denen in Binswangen und Fischach, genutzt. Verstorbene aus Fischach wurden auch auf dem 1626 angelegten Friedhof in Kriegshaber bestattet. Der Fischacher Friedhof entstand 1774.

Martin Sailer
Bezirkstagspräsident und
Landrat des Landkreises Augsburg

Die frische Luft, die vielfältige Natur und die sehenswerte Landschaft laden im Naturpark Augsburg – Westliche Wälder zu den unterschiedlichsten Aktivitäten ein. Ob Nordic Walking, Waldbaden, Skaten, Wandern oder Radfahren: Hier findet jede und jeder die für sich passende Erholung. Der Naturpark Augsburg dient allerdings nicht nur zur Naherholung sowie als Lebensraum für eine artenreiche Fauna und Flora, sondern ist ebenso ein „natürliches Klassenzimmer" für Jung und Alt.

Von den Römern über die Habsburger bis hin zu den Fuggern – beeindruckende Überbleibsel menschlicher Aktivitäten in historischer Zeit sind bis heute in der Naturpark-Landschaft erkennbar. Zur Geschichte und zu den Kulturschätzen in dieser Landschaft zählen das Mozarthaus in Fischach, die Ganghofer-Stätte in Welden und die Autobahnkapelle in Adelsried, um nur einige wenige Beispiele zu nennen. Sie alle erzählen von der bewegten Vergangenheit dieser Region und unserer Kultur.

Wer also mit offenen Augen und vorab informiert durch den Naturpark streift, kann Spannendes entdecken. Viele Bildungs- und Erlebnisorte laden dazu ein, die Geschichte des Naturparks kennenzulernen. Der Ausflugs(ver-)führer „Kulturpark Naturpark" stellt rund 70 solcher Ziele näher vor und vermittelt die passenden Hintergrundinformationen, um einen Ausflug ins Grüne zu etwas ganz Besonderem zu machen.

Viel Spaß beim Entdecken der kulturellen Highlights in unserer Region.

Götz Beck
Tourismusdirektor
Regio Augsburg Tourismus GmbH

Der Naturpark Augsburg–Westliche Wälder ist ein Gewinn für die gesamte Region – für Augsburg und nicht zuletzt auch für den Augsburg-Tourismus. Das gilt für Bewohner der drittgrößten Stadt Bayerns und ihrer Nachbarkommunen ebenso wie für unsere Gäste, weil dieser Naturpark mit gut beschilderten und gepflegten Wegen etliche Möglichkeiten zum Entspannen – Spaziergänge, Wanderungen und Radtouren – oder zum sportiven Erholen beim Mountainbiking und Nordic Walking bietet.

Doch der Naturpark Augsburg–Westliche Wälder ist viel mehr als „nur" ein stiller Ort der Entschleunigung oder der Beschleunigung beim Sport im Grünen. Zunächst einmal ist das wald- und wasserreiche Gebiet zwischen den Ballungsräumen Augsburg und Ulm ein historisch gewachsener Kulturraum. Vor allem die Habsburger, teils auch Wittelsbacher, insbesondere aber Augsburgs Bischöfe, Augsburger und Ulmer Patrizier – die Fugger, die Rehlinger und andere – haben das Bild dieser Region geprägt. Auch deshalb gibt es bei Wegen im Naturpark viel zu entdecken: etliche eher kaum bekannte Sehenswürdigkeiten, die aber teils große Geschichte(n) widerspiegeln. Sie erinnern an die Römer und an Ritter, an den Bauernkrieg und an den Dreißigjährigen Krieg, an den Glaubensstreit sowie an jüdische Landgemeinden. Die Klöster Oberschönenfeld und Holzen sowie Wallfahrtskirchen in Biberbach und Violau, Maria Vesperbild und Allerheiligen sind spirituelle wie kulturelle Zentren. Die Familie W. A. Mozarts stammt aus den Stauden, und der Schriftsteller Ludwig Ganghofer hat im Holzwinkel prägende Kindheits- und Jugendjahre verbracht. Der Titel dieses Buches – „Kulturpark Naturpark" – deutet die Vielfalt der Sehenswürdigkeiten und Erlebnisse an.

Jeweils eigenständige Kapitel zu den hier genannten Orten finden sich auf den nachfolgend aufgelisteten Seiten dieses Taschenbuchs (Mehrfachnennungen sind möglich). Bei den Gemeindeteilen wird die Kommune (in Klammern) angegeben.

Achsheim (Gemeinde Langweid a. Lech) 116
Adelsried 98
Allerheiligen (Markt Jettingen-Scheppach) 94
Anhausen (Markt Diedorf) 23
Aretsried (Markt Fischach) 37
Augsburg-Bergheim (Stadt Augsburg) 20
Baiershofen (Gemeinde Altenmünster) 111
Biberbach 120, 123
Bieselbach (Gemeinde Horgau) 75
Binswangen 134
Bocksberg (Gemeinde Laugna) 107
Bonstetten 99
Burgwalden (Stadt Bobingen) 41
Burtenbach 90
Buttenwiesen 130
Diedorf 22
Dietkirch (Gemeinde Gessertshausen) 30
Dinkelscherben 82, 83, 84
Elmischwang (Markt Fischach) 38
Emersacker 106
Fischach 34, 36
Gabelbach (Markt Zusmarshausen) 78
Gabelbachergreut (Markt Zusmarshausen) 81
Gablingen 114
Grimoldsried (Gemeinde Mickhausen) 46
Hainhofen (Stadt Neusäß) 66, 67
Heimberg (Markt Fischach) 33
Holzen (Gemeinde Allmannshofen) 126
Horgau 70, 71, 72
Jettingen (Markt Jettingen-Scheppach) 92, 95

Kirchheim i. Schwaben 54
Klimmach (Stadt Schwabmünchen) 47
Maria Vesperbild (Markt Ziemetshausen) 88
Markt (Markt Biberbach) 124
Markt Wald 52, 53
Mertingen 128
Mickhausen 44, 45
Mittelneufnach 50
Oberschönenfeld (Gemeinde Gessertshausen) 24
Ried (Markt Dinkelscherben) 87
Rommelsried (Gemeinde Kutzenhausen) 68, 69
Scheppach (Markt Jettingen-Scheppach) 95
Schwabegg (Stadt Schwabmünchen) 48, 49
Seyfriedsberg (Markt Ziemetshausen) 89
Steinekirch (Markt Zusmarshausen) 85
Straßberg (Stadt Bobingen) 42
Türkheim 62
Tussenhausen 60
Unterthürheim (Gemeinde Buttenwiesen) 131
Ustersbach 86
Violau (Gemeinde Altenmünster) 112
Waldberg (Stadt Bobingen) 43
Weiherhof (Gemeinde Gessertshausen) 32
Welden 100, 105
Wertingen 132
Willmatshofen (Markt Fischach) 40
Wörleschwang (Markt Zusmarshausen) 108, 110
Wollishausen (Gemeinde Gessertshausen) 31
Wollmetshofen (Markt Fischach) 39
Zusmarshausen 77

Eine Internetseite des Bayerischen Naturschutzfonds informiert zum Naturpark unter dem Punkt „Bedeutung": „Lebensraum für sowohl Wald- als auch Wiesenarten. In den Tälern der Schmutter und der Zusam finden sich zahlreiche Tier- und Pflanzenarten". Als typische Lebensräume werden dort Feucht- und Nasswiesen, Streuwiesen, Fließgewässer, intensiv genutztes Ackerland und weitläufige Waldgebiete aufgeführt. Zur Fauna vermerkt die Website, dass im Naturpark neben der seltenen Mopsfledermaus auch weitere rare Arten wie die Gelbbauchunke und die Hohltaube vorkommen.

Darüber hinaus gibt es im Naturpark drei Projekte, die den Verantwortlichen ganz besonders wichtig sind:

1. Blühstreifen im Schmuttertal
Im FFH-Gebiet Schmuttertal tragen ungemähte Randstreifen zur Artenvielfalt bei. Sie sollen insbesondere dem Dunklen und dem Hellen Wiesenknopf-Ameisenbläuling als Trittsteinbiotop dienen und dadurch den Fortbestand der beiden bedrohten Falterarten sichern.

2. Lehmgrube Lützelburg
Die Lehmgrube in Lützelburg dient seltenen Amphibienarten wie dem Nördlichen Kammmolch, der Gelbbauchunke und dem Laubfrosch, aber auch dem Dunklen Wiesenknopf-Ameisenbläuling als Lebensraum. Erhalten wird das Biotop durch Beweidung mit Rindern, Rodung aufkommender Gehölze, Entschlammen der Gewässer und Schaffung von Rohbodenstandorten.

3. Nagelfluhbrocken bei Reinhartshofen
Um 1980 hat man beim Bau einer Straße zwischen Reinhartshofen und Großaitingen einen Felsen ausgebaggert. Dieses Gestein, ein sogenannter Nagelfluh, ist vor rund 1,8 Millionen Jahren durch alpine Flussablagerungen entstanden. Aufgrund seiner betonartigen Konsistenz konnte der Felsen im Boden überstehen. Zu dieser geologischen Besonderheit und ihrer Entstehung informiert vor Ort eine Infotafel: Ihre Konzeption und Aufstellung erfolgte unter Mitwirkung des Naturparkvereins Augsburg–Westliche Wälder.

Die Kunstdenkmäler von Bayern, VII. Regierungsbezirk Schwaben, Erscheinungsort jeweils München:

- Horn, Adam: Landkreis Donauwörth, 1951.
- Meyer, Werner: Landkreis Dillingen a. d. Donau, 1972.

Bayerische Kunstdenkmale: Kurzinventare, München:

- Habel, Heinrich: Landkreis Mindelheim, 1971.
- Habel, Heinrich: Landkreis Krumbach, 1969.
- Neu, Wilhelm / Otten, Frank: Landkreis Augsburg, 1970.
- Otten, Frank / Neu, Wilhelm: Landkreis Schwabmünchen, 1967.
- Wörner, Hans Jakob / Neu, Wilhelm: Ehemaliger Landkreis Wertingen, München 1973.

Bushart, Bruno / Paula, Georg: Georg Dehio. Handbuch der deutschen Kunstdenkmäler, Bayern III: Schwaben, München, 1989.

Frei, Hans / Stettmayer, Fritz: Bedeutsame Kulturlandschaften in Bayerisch-Schwaben, Lindenberg, 2021.
Frei, Hans / Stettmayer, Fritz: Schwaben in Bayern. Historisch-geographische Landeskunde eines Regierungsbezirks, Lindenberg, 2016.

Kluger, Martin: Die Römer zwischen Alpenrand und Limesland. Die römische Provinz Raetien: Keimzelle des Kulturlandes Bayern, Augsburg 2023.
Kluger, Martin: Bischof Ulrich. Ein Heiliger aus Augsburg. Eine Spurensuche in der Bischofsstadt Augsburg und im Augsburger Umland, Augsburg 2023.
Kluger, Martin: Mozartstadt Augsburg. Leopold Mozart, Wolfgang Amadé Mozart und ihre schwäbische Familie, Augsburg 2021.
Kluger, Martin: Museen & Ausstellungen. Führer für Augsburg und die Region, Augsburg 2017.
Kluger, Martin: Glaube. Hoffnung. Hass. Von Martin Luther in Augsburg (1518) über den Dreißigjährigen Krieg (1618–1648) bis zur „Sau aus Eisleben" (1762), Augsburg 2016.
Kluger, Martin: Die Fugger um Augsburg, München und Ulm. Adel, Schlösser und Kirchen, Augsburg 2012.
Kluger, Martin: St. Thekla Welden, Augsburg 2012.

Titel: Wolfgang B. Kleiner (1/o.), Martin Kluger (2/u.)

Rücktitel: Thomas Baumgartner (1/r.), Martin Kluger (2/l., m.)

Inhalt: Die Fotografien stammen von

Thomas Baumgartner: S. 39, 41, 110, 111, 113 (1/o.), 114, 125, 135
Wolfgang B. Kleiner: S. 2/3, 10, 12, 13 (1/u.), 15, 18, 36, 37, 46, 50, 51, 52, 59, 60, 61, 66, 84, 88, 90, 91
Hannah Kluger: S. 47
Martin Kluger: S. 11 (3), 13 (1/o.), 16 (7), 17 (7), 19 (3), 20, 21 (2), 22, 23, 24, 25, 26, 27 (2), 29, 30, 31, 32, 33, 34, 35 (2), 38, 42, 43, 44, 45, 49, 53, 54, 55 (2), 56, 57 (2), 58, 62, 63, 64, 65 (2/m., u.), 67, 68, 69, 70, 71, 77, 78, 79, 80, 82, 83, 85, 86, 87, 89, 95, 96, 97 (3), 98, 99, 100, 101 (2), 102, 103, 104, 105, 106, 107, 112, 113 (1/u.), 115, 116, 118, 119, 120, 121 (2), 122, 123, 124, 125, 126, 127 (2), 128, 129, 132, 133, 134
Petra Kluger: S. 73, 74, 75, 76, 116, 117 (2)
Julia Pietsch: S. 136
Martin Stöckle: S. 81
Sonja Wolf: S. 48
Wikimedia Commons: Elke Wetzig (elya): S. 92 (CC BY-SA 3.0), GFreihalter: S. 65 (1/o, CC BY-SA 3.0), 72 (CC BY-SA 3.0), 94 (CC BY-SA 3.0), 130 (CC BY-SA 3.0), 131 (CC BY-SA 3.0), Mailtosap: S. 40 (CC BY-SA 4.0), Manfi.B.: S. 77 (CCBY-SA 3.0), Reinhardhauke: S. 93 (2, CC BY-SA 3.0)
Naturpark Augsburg – Westliche Wälder e.V.: S. 28
Regio Augsburg Tourismus GmbH (Daniel Biskup): S. 137

Karte des Naturparks Augsburg – Westliche Wälder: Billa Spiegelhauer, S. 9

Impressum

Kulturpark Naturpark.
Landschaften, Ziele und Geschichte
im Naturpark Augsburg–Westliche Wälder
Martin Kluger

Hrsg.: Regio Augsburg Tourismus GmbH

context verlag Augsburg | Nürnberg
www.context-mv.de
ISBN 978-3-946917-45-8
1. Auflage, Mai 2024

Umschlaggestaltung
und grafische Produktion:
context verlag Augsburg | Nürnberg

Druck: Senser Druck, Augsburg

Dieses Buch wurde gefördert durch:
- Bezirk Schwaben
- Landkreis Augsburg
- Regio Augsburg Tourismus GmbH

Bibliografische Information
der Deutschen Nationalbibliothek:
Die Deutsche Nationalbibliothek verzeichnet diese Publikation in der Deutschen Nationalbibliografie, detaillierte bibliografische Daten sind im Internet über http://dnb.dnb.de abrufbar.

ISBN 978-3-946917-45-8

www.context-mv.de

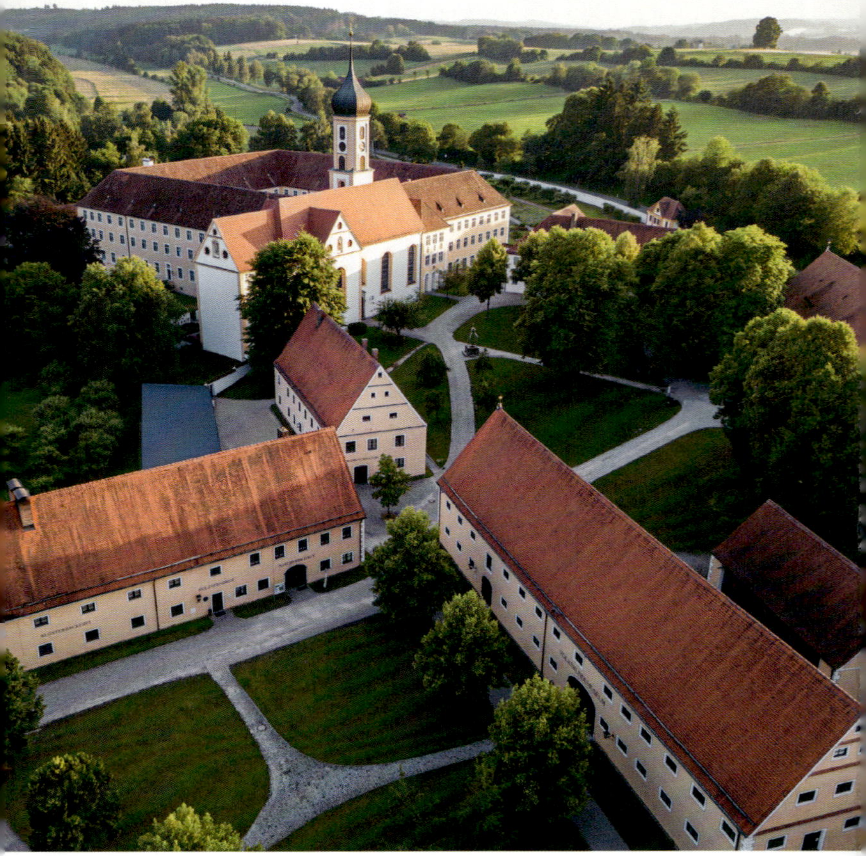

Kunst
Kultur
Erlebnis
Natur

Museum Oberschönenfeld

Dienstag bis Sonntag
10 – 17 Uhr
an Feiertagen geöffnet

www.mos.bezirk-schwaben.de